essentials

essentials liefern aktuelles Wissen in konzentrierter Form. Die Essenz dessen, worauf es als „State-of-the-Art" in der gegenwärtigen Fachdiskussion oder in der Praxis ankommt. *essentials* informieren schnell, unkompliziert und verständlich

- als Einführung in ein aktuelles Thema aus Ihrem Fachgebiet
- als Einstieg in ein für Sie noch unbekanntes Themenfeld
- als Einblick, um zum Thema mitreden zu können

Die Bücher in elektronischer und gedruckter Form bringen das Expertenwissen von Springer-Fachautoren kompakt zur Darstellung. Sie sind besonders für die Nutzung als eBook auf Tablet-PCs, eBook-Readern und Smartphones geeignet. *essentials:* Wissensbausteine aus den Wirtschafts-, Sozial- und Geisteswissenschaften, aus Technik und Naturwissenschaften sowie aus Medizin, Psychologie und Gesundheitsberufen. Von renommierten Autoren aller Springer-Verlagsmarken.

Weitere Bände in der Reihe http://www.springer.com/series/13088

Katrin Keller

Nachhaltige Personal- und Organisations- entwicklung

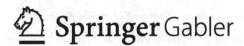 Springer Gabler

Katrin Keller
Duale Hochschule Saar (i. G.)
Saarbrücken, Deutschland

ISSN 2197-6708 ISSN 2197-6716 (electronic)
essentials
ISBN 978-3-658-22993-1 ISBN 978-3-658-22994-8 (eBook)
https://doi.org/10.1007/978-3-658-22994-8

Die Deutsche Nationalbibliothek verzeichnet diese Publikation in der Deutschen Nationalbibliografie; detaillierte bibliografische Daten sind im Internet über http://dnb.d-nb.de abrufbar.

Springer Gabler
© Springer Fachmedien Wiesbaden GmbH, ein Teil von Springer Nature 2018

Springer Gabler ist ein Imprint der eingetragenen Gesellschaft Springer Fachmedien Wiesbaden GmbH und ist ein Teil von Springer Nature
Die Anschrift der Gesellschaft ist: Abraham-Lincoln-Str. 46, 65189 Wiesbaden, Germany

Was Sie in diesem *essential* finden können

- Haltgebende Kultur als Grundlage unternehmerischen Erfolgs, Leistung und Nachhaltigkeit
- Kompetenzentwicklung als dynamisches und befähigendes Konzept
- Machtorientierung versus Menschenorientierung als Schlüssel zum nachhaltigen Erfolg
- Einen stärken- und biografieorientierten Ansatz zur Personalentwicklung
- Verantwortungsvolle und nachhaltige Unternehmensführung im Spannungsfeld von Personalentwicklung und Personalmanagement sowie Unternehmens- und Organisationsentwicklung

*In dir muss brennen, was du in anderen
entzünden willst.*

(nach Augustinus)

Inhaltsverzeichnis

Über die Autorin

 **Prof. Dr. Katrin Keller** leitet als Professorin für Personal- und Organisationsentwicklung den Studiengang ‚Berufspädagogik im Gesundheitswesen' an der Dualen Hochschule Saar (i. G.) und verantwortet als Vorstands- und Direktoriumsmitglied im Institut für Gesundheitswissenschaft an der Philosophisch-Theologische Hochschule Vallendar den bildungswissenschaftlichen Bereich. Seit ihrem Studium und Doktorat im Bereich Erwachsenenbildung/ Weiterbildung arbeitet sie zusätzlich als Dozentin an Universitäten und Fachhochschulen. Ferner weist die Autorin langjährige Beratungs- und Trainingserfahrungen in den Bereichen Führung, Personalentwicklung und Unternehmens-/Organisationsentwicklung auf.

Bildung beginnt mit Neugierde 1

„Bildung beginnt mit Neugierde" so BIERI in seinem Buch mit dem Titel „Wie wäre es, gebildet zu sein?"[1] und skizziert dabei, dass es zu wissen gilt, was der Fall ist und zu verstehen, warum etwas der Fall ist. Damit versteht er Bildung als doppeltes Lernen: „Man lernt die Welt kennen, und man lernt das Lernen kennen".[2] Im Weiteren stellt er einige Überlegungen auf, die Bildung in unterschiedlichen Facetten zu betrachten, u. a. auch die der moralischen Sensibilität, der Education sentimentale, der Herzensbildung.[3] Hat das Thema ‚moralische Sensibilität' Platz in einer Zeit, in der Strategien die Zukunft von Organisation gestalten? Und wie kann eine haltbare Zukunftsbildung für Personal und Organisation entstehen und damit auch ein attraktives Unternehmenssystem für Mitarbeitende aller Generationen? Haltbar sei an dieser Stelle doppelspurig zu denken und auch im Nachgang zu deuten, denn es geht zunächst um die Nachhaltigkeit im Sinne einer gesellschaftlichen Verantwortung für die nachfolgenden Generationen, und gleichsam soll dabei auch der Gedanke des ‚Halt-gebens' reflektiert werden. Dabei gilt es aktuelle Herausforderungen aufzugreifen und die Zugkraft für alle internen und externen Stakeholder zu bedenken. Dabei dürfen die internationalen Kontexte und ihre Auswirkungen auf Geschäftseinheiten und deren Funktionen, insbesondere bei Familienunternehmen, nicht vergessen werden. Die digitale Transformation verstärkt auch hier die Geschwindigkeit des Wandels von Märkten, Technologien sowie Arbeitsbedingungen. Neue Strategien und Veränderungen im Umfeld erfordern häufig auch eine Anpassung

---

[1]Bieri, P. (2017, S. 8).
[2]Bieri, P. (2017, S. 9).
[3]Vgl. Bieri, P. (2017, S. 34).

© Springer Fachmedien Wiesbaden GmbH, ein Teil von Springer Nature 2018
K. Keller, *Nachhaltige Personal- und Organisationsentwicklung,* essentials,
https://doi.org/10.1007/978-3-658-22994-8_1

von Organisationen. Dazu ist es notwendig, passende Strukturen und Prozesse, Kommunikationswege sowie Kooperationen zu gestalten, wodurch eine nachhaltige und wirksame Leistungsfähigkeit eines Unternehmens für die Zukunft gesichert werden kann. Gemäß WAHL wird in diesen Prozessen Handeln durch Handeln gelernt, doch dazu braucht es nach BIERI Neugierde und eine gewisse Herzensbildung, damit Bildung überhaupt gelingen kann.

Begriffserläuterung

2

Um die Umsetzung strategischer und ebenso nachhaltiger Grundsätze eines Unternehmens auf Führungsebenen erläutern zu können, bedarf es zunächst der inhaltlichen Klärung der Begriffe ‚Personalmanagement' und ‚Personalentwicklung', einschließlich ihrer hierarchischen Strukturen im Unternehmen. Im Anschluss daran wird der Begriff der ‚Unternehmens- und Organisationsentwicklung' erläutert.

2.1 Personalmanagement und Personalentwicklung

In Zeiten ständiger Neuorientierung, Umorganisation und Umstrukturierung halten Veränderungen nicht nur im individuellen und gesellschaftlichen Bereich Einzug, sondern gerade auch im beruflichen. Im Rahmen dieser Entwicklung kommt dem Menschen eine enorme Bedeutung als ‚Wettbewerbsressource' zu, sodass auch das Personalmanagement entsprechend der Veränderungen eine Neuausrichtung erlebt. Personalmanagement wird dabei verstanden als

> die Summe der mitarbeiterbezogenen Gestaltungsmaßnahmen zur Verwirklichung der strategischen Unternehmensziele[1].

---

[1]Gabler Wirtschaftslexikon (1993, S. 2567).

© Springer Fachmedien Wiesbaden GmbH, ein Teil von Springer Nature 2018
K. Keller, *Nachhaltige Personal- und Organisationsentwicklung*, essentials,
https://doi.org/10.1007/978-3-658-22994-8_2

Demnach umfasst Personalmanagement die Gesamtheit aller Strategien, Ziele, Instrumente und Aktivitäten, die sich auf das Personal[2] eines Unternehmens beziehen.

Die sich daraus bildenden umfassenden Managementaufgaben[3] in einem Unternehmen werden rollenteilig von verschiedenen Akteuren wahrgenommen, insbesondere von Unternehmensführung und Personalmanagern des Personalressorts.[4]

Für die Verwirklichung strategischer Unternehmensziele sind Maßnahmen erforderlich, die auf die Entwicklung und Verbesserung der Leistungsfähigkeit und Leistungsbereitschaft des Personals abzielen.[5] Diese Aufgabe kommt der Personalentwicklung zu. Aufgrund der strategischen Ausrichtungen eines Unternehmens, den technologischen Entwicklungen und den Veränderungen am Markt, werden angepasste sowie neue Qualifikationen und Kompetenzen vom Management und von Mitarbeitenden gefordert. Durch Weiterbildungsmaßnahmen soll der durch die Veränderungen entstandene Qualifikationsbedarf aufgegriffen und bewältigt werden. Eine weitere Aufgabe von Personalentwicklung ist Führungskräfteentwicklung. Dieser Aufgabe kommt ein hoher Stellenwert zu. Ursächlich hierfür ist der Gedanke, dass gerade die Entwicklung eines unternehmensspezifischen Know-hows Wettbewerbsvorteile ermöglichen könnte. Diese Aufgabe kann ohne weiteres auf Führungskräfte im Hinblick auf ihre Mitarbeitenden übertragen werden.

---

[2] „Personal: die Gesamtheit der Arbeitnehmer von Organisationen, die zur Realisierung von Geschäftsprozessen und damit zur Leistungserbringung (Performanz Management) beitragen. Arbeitnehmer ist, wer seine Arbeit aufgrund eines Arbeitsvertrages und somit in persönlicher und wirtschaftlicher Abhängigkeit verrichtet. Dabei gilt der Begriff Arbeitnehmer herkömmlich als Zentralbegriff des Arbeitsrechts. Zum anderen werden unter dem Begriff Personal verstanden: Alle gegenwärtigen Arbeitnehmer, Leitenden Angestellten und Organmitglieder eines Unternehmens bzw. einer Organisation. Weitere gängige Bezeichnungen sind Arbeitskräfte, Belegschaft, Beschäftigte, Humanressourcen oder Mitarbeiter. Gelegentlich ist der Begriff Personal auch eine Kurzbezeichnung für Personalwirtschaft, Human Resource Management bzw. Personalmanagement". Vgl. https://wirtschaftslexikon.gabler.de/definition/personal-43978, gefunden am 03.06.2018.

[3] Als Manager werden Führungskräfte, meist in der mittleren oder oberen Führungsebene von Unternehmen oder Organisationen bezeichnet. Vgl. http://manager.adlexikon.de/Manager.shtml, gefunden am 01.11.2004. Auf der Basis dieser Erläuterung werden im Weiteren Manager und Führungskraft synonym verwendet.

[4] DGFP e. V. (Hg.) (2004, S. 23).

[5] Vgl. Gabler Wirtschaftslexikon (1993, S. 2564).

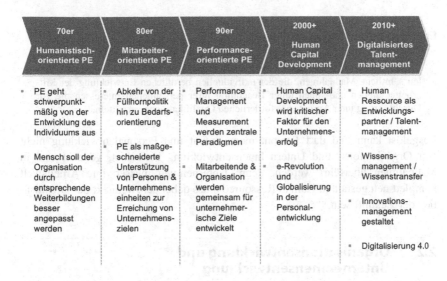

70er	80er	90er	2000+	2010+
Humanistisch-orientierte PE	Mitarbeiter-orientierte PE	Performance-orientierte PE	Human Capital Development	Digitalisiertes Talent-management

▪ PE geht schwerpunkt-mäßig von der Entwicklung des Individuums aus	▪ Abkehr von der Füllhornpolitik hin zu Bedarfs-orientierung	▪ Performance Management und Measurement werden zentrale Paradigmen	▪ Human Capital Development wird kritischer Faktor für den Unternehmens-erfolg	▪ Human Ressource als Entwicklungs-partner / Talent-management
▪ Mensch soll der Organisation durch entsprechende Weiterbildungen besser angepasst werden	▪ PE als maßge-schneiderte Unterstützung von Personen & Unternehmens-einheiten zur Erreichung von Unternehmens-zielen	▪ Mitarbeitende & Organisation werden gemeinsam für unternehmer-ische Ziele entwickelt	▪ e-Revolution und Globalisierung in der Personal-entwicklung	▪ Wissens-management / Wissenstransfer
				▪ Innovations-management gestaltet
				▪ Digitalisierung 4.0

Abb. 2.1 Evolution der klassischen Personalentwicklung. (Quelle: Eigene Darstellung)

Der Auftrag an Führungskräfte besteht demnach darin, Personalentwi-cklungsmaßnahmen für den eigenen Bereich passgenau zu planen, systematisch einzusetzen sowie unter Kosten-Nutzen-Aspekten zu überprüfen. Veränderte Anforderungen an Mitarbeitende müssen dabei aufgenommen und in systemati-sche und rechtzeitige Personalentwicklungsmaßnahmen umgesetzt werden.[6]

Daher ist es ratsam, Führungskräfte aller Hierarchieebenen in Personalent-wicklungsaufgaben mit einzubeziehen, um die Umsetzung der Unternehmens-strategie durch geeignete Personalentwicklungsmaßnahmen zu unterstützen.[7] Die Herausforderung von Personalentwicklung besteht letztlich darin, Men-schen durch permanentes Lernen zu befähigen, sich in einer zunehmend indeterminierten Welt der Arbeit zurechtzufinden.[8] Zugleich ist unter Personal-entwicklung die Erneuerung der Wissensbasis eines Unternehmens zu verstehen. Abb. 2.1 verdeutlicht, wie Veränderungen von Personalentwicklung verliefen und bis heute verlaufen:

---

[6]Vgl. Becker, M. (1999, S. 1).

[7]Vgl. Kourimsky, P. (2002, S. 8).

[8]Vgl. Becker, M. (1999, S. 1).

Als Begriffsdefinition von Personalentwicklung dient im laufenden Text die Erläuterung von STEIGERT und LIPPMANN:

> …eine systemische Förderung und Weiterentwicklung der Mitarbeiter. Dazu zählen sämtliche Maßnahmen, die der individuellen beruflichen Entwicklung der Mitarbeiter dienen und ihnen unter Beachtung ihrer persönlichen Interessen die zur Durchführung ihrer Aufgaben erforderlichen Qualifikationen vermitteln.[9]

Losgelöst kann und darf Personalmanagement und Personalentwicklung nicht von Organisations- und Unternehmensentwicklung betrachtet, gedacht und in Maßnahmen überführt werden, denn: Unternehmen müssen ihre Arbeitswelt komplett neu gestalten. Human Ressource muss dabei der Architekt der Organisation der Zukunft sein.[10]

2.2 Organisationsentwicklung und Unternehmensentwicklung

Die Deutsche Gesellschaft für Organisationsentwicklung e. V.[11] definiert Organisationsentwicklung als einen

> …längerfristig angelegten, nachhaltigen Entwicklungs- und Veränderungsprozess von Organisationen und der in ihr tätigen Menschen. Die Wirkung dieses Prozesses beruht auf dem gemeinsamen Lernen aller beteiligten Personen durch direkte Mitwirkung bei der Bearbeitung und Lösung betrieblicher und unternehmerischer Probleme.[12]

Ebenso ist Unternehmensentwicklung ein aktiver Prozess, der wie folgt definiert wird:

> Erfolgreiche Unternehmensentwicklung bedeutet, den Wandel aktiv zu gestalten, statt von Veränderungen getrieben zu werden. Es geht darum, die im Unternehmen bereits vorhandenen Potentiale zielgerichtet zu öffnen und zu nutzen.

---

[9]Steiger und Lippmann (2013, S. 85).

[10]Vgl. Bohdal-Spiegelhoff, U. (2017, S. 5).

[11]www.goe.org, gefunden am 01.05.2018.

[12]https://www.projektmagazin.de/glossarterm/organisationsentwicklung, gefunden am 25.05.2018.

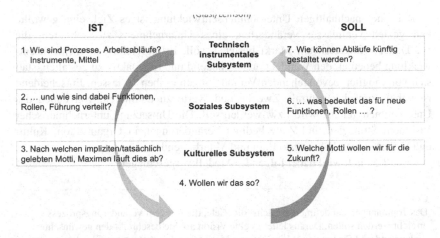

IST		SOLL
	(Glas/Lemson)	
1. Wie sind Prozesse, Arbeitsabläufe? Instrumente, Mittel	**Technisch instrumentales Subsystem**	7. Wie können Abläufe künftig gestaltet werden?
2. ... und wie sind dabei Funktionen, Rollen, Führung verteilt?	**Soziales Subsystem**	6. ... was bedeutet das für neue Funktionen, Rollen ... ?
3. Nach welchen impliziten/tatsächlich gelebten Motti, Maximen läuft dies ab?	**Kulturelles Subsystem**	5. Welche Motti wollen wir für die Zukunft?
	4. Wollen wir das so?	

Abb. 2.2   U-Prozess-/Organisationsentwicklungsprozess. (Quelle: Glas, F. 1999, S. 69)

Erfolgreiches unternehmerisches Management ist immer mehr Management von Veränderungsprozessen.

Die Umsetzung unternehmerischer Visionen, Ziele und Strategien bedingt Veränderungen in Organisation, Kultur und Verhalten von Führungskräften und Mitarbeitern.

Diese Veränderungen sind dabei nicht nur auf der Sach- und Struktur-Ebene anzustreben, sondern auch Energie- und Kontext-Ebene sind notwendige Arbeitsfelder organisatorischen Wandels.

Die Veränderung von Zielen, Werten und Strukturen einer Organisation sind hier gleichgewichtige Aufgaben.

Unternehmensentwicklung folgt dabei (geplanten) Phasen: Auftauen bisheriger Strukturen und Verhaltensweisen, Neuausrichten in die gewünschte Richtung, Einüben und Verfestigen des Neuen auf dann höheren Kompetenz-Niveaus.

Eine Projektarchitektur gibt dem Vorhaben Übersicht und verstärkt seine Wirkungen im Zeitablauf.[13]

Um diesen Begriffserläuterungen gerecht zu werden, bedarf es klarer Analyseinstrumente, die handelnde und entscheidende Akteure befähigen, Veränderungsprozesse anzustoßen, aktiv zu begleiten und bei Bedarf im Prozess anzupassen. Nachfolgend wird eine Grafik dargestellt (Abb. 2.2), die zur Selbstdiagnose und zum Selbstentwurf für Organisations- und Unternehmensentwicklungsprozessen führen kann:

---

[13]https://www.brainguide.de/Unternehmensentwicklung/_c, gefunden am 30.04.2018.

Bei einer nachhaltigen Unternehmensentwicklung ist es Ziel, eine gewollte und gezielt veranlasste Veränderung eines Unternehmens zu etablieren, die auf Dauer erfolgreich am Markt bestehen soll. Erfolgreiche Unternehmensentwicklung bedeutet, den Wandel vorausschauend und (pro-)aktiv zu gestalten, statt sich von möglich bevorstehenden Veränderungen treiben zu lassen. Entscheidend ist dabei, zunächst zentrale Zwecke und Werte zu definieren, von denen das Unternehmen geleitet wird bzw. werden soll. Die Umsetzung unternehmerischer Visionen, Strategien und Ziele bedingt Veränderungen in Organisation, Kultur und Verhalten von Führungskräften und Mitarbeitenden.

Grundsätzlich wird dabei folgendes Modell vorgeschlagen:

CONTENT
Das Topmanagement definiert zunächst die Ziele, die mit dem Veränderungsprozess erreicht werden sollen. Daraus leitet es eine Vision ab. Sie beschreibt den gewünschten Zielzustand und fördert damit Einsicht und Motivation der Mitarbeiter. Gleichzeitig definiert es geeignete Messgrößen, um den Grad der Zielerreichung im Laufe des Prozesses nachzuhalten. Schließlich verabschiedet das Management geeignete kommunikative Maßnahmen, um Ausmaß und Qualität der Herausforderung unmissverständlich zu kommunizieren und ein Bewusstsein für die Dringlichkeit der Veränderungen zu erzeugen

COMMITMENT
Phase zwei gewinnt die wichtigsten Führungskräfte für den definierten Veränderungsprozess – Voraussetzung zur Kommunikation der Dringlichkeit und der Erzeugung einer Motivationswelle auf allen Ebenen. Besonders das Mittelmanagement ist gefordert. Es wird eine breite Verankerung des Veränderungsprozesses in der gesamten Belegschaft angetrieben. Dafür werden Projektziele definiert und mit geeigneten Incentives versehen

CAPABILITIES
Diese Phase zielt darauf ab, wie die nötigen Fähigkeiten für das Erreichen der Veränderungsziele aufgebaut werden sollen. Entscheidende Qualifizierungsmaßnahmen werden entwickelt und Mitarbeiter geschult

CULTURE
Jetzt kommt es darauf an, das erreichte Veränderungsniveau zu stabilisieren, also von der Neuerung in den eingeschwungenen Zustand zu überführen. Diese Institutionalisierung geht einher mit einem regelmäßigen Review des Zielerreichungsgrades und der Entscheidung darüber, ob und gegebenenfalls wie neue Teilprozesse aufgesetzt werden müssen (Vgl. Oltmanns, T. und Nemeyer, D. 2010, S. 38.)

Als grafische Zusammenfassung und damit als ‚Art Checkliste' gilt folgendes Modell (Abb. 2.3):

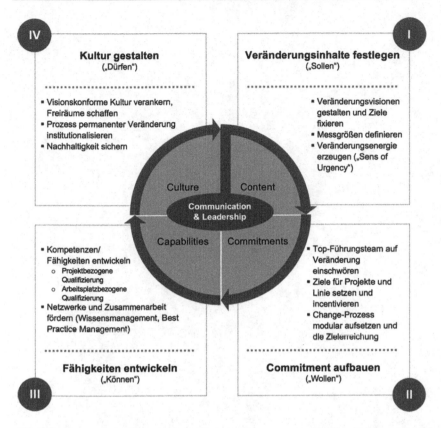

Abb. 2.3 Idealtypischer Verlauf eines Veränderungsprozesses. (Quelle: Oltmanns T. und Nemeyer D. 2010, S. 39)

Haltgebende Kultur: Sozialer Klebstoff für Unternehmenserfolg 3

Einige Führungskräfte haben Respekt vor Veränderungsprozessen, denn nicht selten scheitern sie daran: Unternehmenskultur, d. h. die Art und Weise, in der im Unternehmen Dinge getan werden bzw. wie ein Unternehmen tickt, ist ein Kernbestandteil von tief greifenden Selbsterneuerungs- und Transformationsprozessen.

Die bisherigen und für den zukünftigen Unternehmenserfolg notwendigen Denk- und Verhaltensmuster gilt es herauszustellen und dabei auf dieser Basis eine breitflächige Auseinandersetzung zu gestalten. Dies kann gelingen u. a. durch sich etablierendes regelmäßiges Feedback sowie Reflexionsprozesse auf unterschiedlichen Ebenen.

Dabei ist eine Verzahnung mit Maßnahmen der strategischen Unternehmensentwicklung unabdingbar (Kultur ist kein losgelöster Prozess von ‚Soft Facts‘). Sicherlich ist ein behutsamer und respektvoller Umgang mit der etablierten Kultur ‚ein MUSS‘, schließlich ist diese das Ergebnis eines jahrelangen organisationalen Lernprozesses.

3.1 Haltgebende Kultur

Vielfalt im Unternehmen bedeutet derzeit vor allem altersunterschiedliche Teams. Selten zuvor waren so viele Generationen an Arbeitsprozessen beteiligt wie heute. Nur wer sich der gesamten Bandbreite von Young Talents bis Silver Agers[1]

---

[1] Zu einem Megatrend wird die „Silver Society", weil die Geburtenrate seit den Babyboomern ständig abnimmt. Immer weniger Kinder bedeuten mittelfristig immer weniger Arbeitnehmer, die dem Arbeitsmarkt zur Verfügung stehen. Ein Trend, der nicht umkehrbar ist und Unternehmen vor große Herausforderungen stellt. Gleichzeitig nähern sich die

© Springer Fachmedien Wiesbaden GmbH, ein Teil von Springer Nature 2018   11
K. Keller, *Nachhaltige Personal- und Organisationsentwicklung*, essentials,
https://doi.org/10.1007/978-3-658-22994-8_3

widmet, ihre Wertevorstellung versteht, kann von breit gefächerten Chancen und einer damit verbundenen herausfordernden Vielfalt profitieren. Wertvorstellungen sind wichtig, da sie Orientierung, Halt und Sinn geben und individuelles Denken und Handeln beeinflussen. Häufig sind sie so tief verwurzelt, dass wir uns ihrer kaum noch bewusst sind und so der Umgang damit oftmals schwierig ist. Viele Wertvorstellungen sind kulturell, durch Erziehung geprägt. Pauschalaussagen zu den Generationen lassen sich jedoch nicht treffen, doch sind Gemeinsamkeiten durchaus zu erkennen. So haben z. B. historische Ereignisse die ‚Kinder ihrer Zeit‘ geprägt. Bedeutsam ist es also, Empathie für andere Einstellungen aufzubauen, zu pflegen und die Bedürfnisse verschiedener Generationen zu begreifen, zu verstehen, zu berücksichtigen und im Prozess zu vereinigen.

In Unternehmen ist es daher von Bedeutung, dass die unterschiedlichen Generationen ihre eigenen Kompetenzen und Erwartungen mitbringen dürfen, denn wer generationenübergreifend führt, sollte verstehen, was die Mitarbeitenden motiviert und welches Autoritätsverständnis sie mitbringen. Hier geht es insbesondere um den Versuch, Mitarbeitende im Kontext ihrer Generation zu verstehen. Generationenübergreifende agile Teamarbeit gelingt mit transparenter und authentischer Kommunikation. Mit dem demografischen Wandel im Nacken wird Wissenstransfer und Wissensmanagement zwischen jungen und erfahrenen Mitarbeitenden zentraler denn je zuvor. Nur wenn dieser wertschätzend erfolgt, können beide Seiten voneinander auf Dauer lernen und profitieren.

Entscheidend wird dabei mehr und mehr nicht die Frage, wer Macht hat, entscheidend ist die Frage, wie mit dieser umgegangen wird, so Alfred Herrhausen. Dabei wird Macht als Fähigkeit verstanden, Menschen zu zwingen, Dinge zu tun oder zu unterlassen, die sie sonst nicht tun oder unterlassen würden, so jedenfalls die Definition von Carl von Clausewitz. Einige Experten unterscheiden in diesem Kontext eine positive und eine negative Macht – positiv ist dabei die Gestaltungsmacht, die notfalls sogar mit harten Bandagen durchgesetzt werden kann und zu einer Machtkompetenz führt, d. h. zu Erfolgen unter erschwerten Bedingungen. Eine eher negative Macht wird als destruktiv, manipulativ oder zerstörend bezeichnet.[2] Drucker bilanziert: „Culture eats strategy for breakfast".

Generationen an. Ältere Mitarbeiter sind länger geistig fit, mobil und flexibel, junge Mitarbeiter wollen Familie und Beruf in Einklang bringen, sind häufig weniger karriere- und stattdessen mehr freizeitorientiert." https://www.haufe-akademie.de/blog/themen/personalentwicklung/talent-management-und-silver-society-erfahrung-sichert-erfolg/, 23.05.2018.
[2]Vgl. Oltmanns, T. und Nemeyer, D. (2010, S. 13).

3.1.1 Unternehmenskultur: Veränderung mit Charakter

Unternehmenskultur kann beschrieben werden als die Summe aller gemeinsamen, selbstverständlichen Annahmen, die ein Team/eine Gruppe oder eine Organisation in ihrer Geschichte bei der Bewältigung von Aufgaben und im Umgang mit internen Beziehungen erlernt hat, die sich bewährt haben und somit als bindend gelten, und die daher an neue Mitglieder als rational und ebenso emotional korrekter Ansatz für den Umgang mit Herausforderungen vermittelt werden.

Eine zentrale Rolle bei der Gestaltung von Unternehmenskultur haben Führungskräfte. Denn Aufgabe von Führungskräften und Management ist es einerseits, als eine Art Multiplikator lernbezogene Werte, Erwartungen und Einstellungen zu vermitteln und andererseits durch eine aktive Unterstützung die Entwicklung von Mitarbeitenden zu fördern.[3] Diese Unterstützungsleistung hat nur dann einen förderlichen Charakter, wenn Mitarbeitende in ausreichendem Maß motiviert werden und in ihrem auf die Zukunft ausgerichteten Bestreben zu lernen einen Sinn sehen und dabei, wie oben beschrieben, ein Gefühl individueller Selbstbestimmung erleben. Sinnstiftende Motivation, die die Eigenverantwortlichkeit von Mitarbeitern berücksichtigt, ist eine integrale Aufgabe guter Führung und notwendiges Element einer wirksamen sowie nachhaltigen Unternehmenskultur. „Wer die Macht hat, bestimmt die Werte"[4].

Mit der Annahme, dass eine Unternehmenskultur die Summe gemeinsamer Annahmen erfolgreichen Handelns ist, lebt in einem Unternehmen eine Kultur auch dann fort, wenn Mitarbeitende wechseln.[5] Eine bestimmte ‚Akteure-Kompatibilität' ist eine Voraussetzung für gemeinsames erfolgreiches Handeln. Kommen Menschen aus anderen Kontexten mit unterschiedlichen Grundannahmen in ein Unternehmen, passen sie sich entweder an oder werden von der Kultur ausgeschlossen. Manchmal sind sie aber so erfolgreich oder mächtig, dass sie die Kultur verändern (können). Für den Begriff ‚Leistung' bedeutet das, dass erfolgreiches Handeln nun anders zustande kommt und definiert wird als bisher. In sozialen Einrichtungen wie Krankenhäusern und Altenheimen kann dieser ‚Clash of Cultures' durch die zunehmende Ökonomisierung eines Berufs, der von vielen Mitarbeitern aus sozialen Gründen gewählt wurde, gut beobachtet werden. Mitarbeiter definieren Leistung als Dienst am Menschen, das Management jedoch fordert, so viele Menschen wie möglich in geringstmöglicher Zeit zu versorgen.

---

[3]Vgl. Sonntag, K. et al. (2004, S. 119).
[4]Wieda, C. (2011, S. 48).
[5]Vgl. Grubendorfer, C. (2016, S. 65).

Besonderheiten einer Kultur gilt es sorgsam zu analysieren, wenn Mitarbeiter einen solchen Prozess, der auch Kündigungen einbezieht, mitgehen und mehr Leistung erbringen sollen. Kommt es zu Wertverletzungen, müssen diese auch benannt und situativ geklärt werden.

GRUBENDORFER zeigt in zehn Geboten zur Unternehmenskultur auf (siehe nachfolgende Tabelle), wie unter Berücksichtigung dieser, eine Veränderung zu erfolgreichem und wertvollem Arbeiten gelingen kann. Dabei sind diese zehn Gebote nicht als Rezept zu verstehen, sondern als (Denk-)Anweisungen. So können neue Denkmodelle passend zur eigenen organisationalen Historie und den handelnden Akteuren gestaltet werden.

10 GEBOTE DER UNTERNEHMENSKULTUR – ÜBERSICHT
1. Rechne stets mit der Unternehmenskultur!
2. Das Bearbeiten von Unternehmenskulturen sollte kein Selbstzweck sein!
3. Bedenke, dass Unternehmenskulturen nicht direkt steuerbar sind!
4. Wenn du Unternehmenskulturen verändern möchtest, spiele sie über Bande an!
5. Kalkuliere Widerstände ein!
6. Schließe nicht von einer Unternehmenskultur auf die nächste!
7. Erspare dir die Suche nach sachlichen Gründen!
8. Betrachte Unternehmenskulturen als Kommunikationsereignisse!
9. Bezeichne Unternehmenskulturen als unentscheidbare Entscheidungsprämissen oder als Menge selbstverständlich vorausgesetzter Spielregeln!
10. Nutze die Unternehmenskultur als Deutungsrahmen für Verhalten!

Unternehmenskulturen sind entscheidend, wenn es um Unternehmenserfolg, Arbeitgeberattraktivität sowie Marktwert geht. In Veränderungsprozessen liegen in Unternehmenskulturen auch enorme Chancen, da Unternehmen mehr durch ihre qualitativen Eigenschaften am Markt punkten können. Dabei bekommt Performance Management eine zunehmende Bedeutung.

3.1.2   Performance Management

Unternehmen, insbesondere deren Management, stehen gegenwärtig vor lokalen und globalen Herausforderungen. Die zunehmende Konkurrenz um Ideen, Produkte und Befähigungen auf einem liberalisierten Weltmarkt, der wachsende Kosten- und Effizienzdruck, Globalisierung, Technologisierung und sich verändernde, gesellschaftliche Wertevorstellungen, sind nur wenige Beispiele für Herausforderungen, mit denen Unternehmen zunehmend stärker konfrontiert werden[6]. Dynamik, Komplexität und Unsicherheit kennzeichnen Umfeld und Wettbewerb von Unternehmen[7]. Erfolgreiches Management setzt damit die Fähigkeit voraus, das relevante Marktumfeld und bevorstehende Entwicklungen darin frühzeitig zu erkennen und eine Strategie zu entwerfen, mit der sich ein Unternehmen optimal positionieren und damit Wettbewerbsvorteile verschaffen kann. Darüber hinaus muss das Management in der Lage sein, die Komplexität des Umfeldes so zu reduzieren und zu komprimieren, dass die Mitarbeitenden die strategische Ausrichtung verstehen und mittragen können. Erst dadurch kann der Leistungsprozess bzw. die Performance innerhalb eines gesamten Unternehmens auf die Umsetzung der Strategie fokussiert werden, um die verfolgten Ziele realisieren zu können und positive Resultate zu erzielen.[8]

„The focus has shifted from talking about people to talking with people in open conversations"[9].

Zahlreiche Unternehmen scheitern daran, sich erfolgreich auf neue Wettbewerbsbedingungen einzustellen. Dies liegt jedoch weniger darin begründet, dass ihnen die Einsicht fehlt, was zu tun ist, als vielmehr in unzureichender Kenntnis, wie Mitarbeiterpotenziale für eine Strategieumsetzung gezielt genutzt werden können.[10] Genau da setzt Performance Management an. Performance Management erstreckt sich damit nicht ausschließlich auf die Erhebung und Auswertung messbarer und damit kalkulierbarer Zahlenwerte, sondern ist zugleich Human Performance (Abb. 3.1).

Unternehmen müssen daher klären, inwieweit Mitarbeitende in die Strategieverfolgung einbezogen sind bzw. zukünftig werden und sich beispielsweise mit den folgenden Fragen auseinandersetzen:

- Kennen die Mitarbeitenden die strategischen Ziele oder ist die Strategie nur dem Management vorbehalten und demnach unbekannt?
- Werden mit den Mitarbeitenden konkrete Ziele vereinbart, die sich aus den übergeordneten Zielen ableiten und ihren Beitrag zum Ganzen definieren, oder bekommen die Mitarbeitenden von ihren Vorgesetzten gesagt, was sie tun müssen?

---

[6]Vgl. Becker, M. (2013, S. 2 f.).
[7]Vgl. Becker, M. & Kirchner, M. (2013).
[8]Vgl. Jetter, W. (2004, S. 3).
[9]Walsh, B. und Volini, E. (2017, S. 67).
[10]Vgl. Jetter, W. (2004, S. 17).

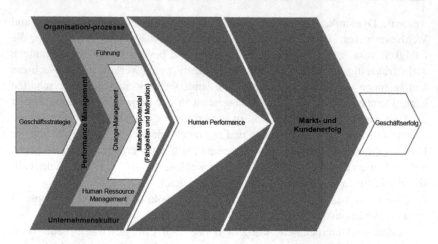

Abb. 3.1 Human Performance und Unternehmenserfolg. (Quelle: Jetter W. 2004, S. 37)

- Erhalten Mitarbeitende konkretes Leistungsfeedback und Anerkennung für gute Leistungen oder wird davon ausgegangen, dass gute Leistungen eine Selbstverständlichkeit sind und nicht weiter erwähnt werden müssen?

Performance Management kann nur dann zum Erfolg eines Unternehmens beitragen, wenn Mitarbeiterführung und Unternehmenssteuerung nicht an den vorherrschenden Strukturen und Prozessen von Unternehmen sowie den in ihnen tätigen Menschen vorbeizielen, sondern diese berücksichtigen und in ihre Umsetzungs- und Gestaltungsvorhaben integrieren. Ein ganzheitliches Performance Management zielt auf die Gestaltung organisationaler (Rahmen-) Bedingungen, die zur Steigerung und Entfaltung personaler Ressourcen beitragen und orientiert sich dabei zugleich an dem bestehenden Werte- und Normenkanon, d. h. der bestehenden Unternehmenskultur (Abb. 3.2).

Die Transformation und Verdichtung von Einstellungen sowie Kompetenzen von Mitarbeitenden innerhalb eines Unternehmens zum konkreten Handeln (Performanz) lässt sich als organisationaler Lernprozess beschreiben. Performance Management aus einer ganzheitlichen Perspektive bezieht nicht nur die Leistungseinstufung und -bewertung ein, vielmehr integriert sie in ihre Betrachtung die Lernfähigkeit und -potenziale sämtlicher Akteure eines Unternehmens.

Abb. 3.2 Performanz als Verdichtung von Einstellungen und Fertigkeiten. (Quelle: Eigene Darstellung)

3.2   Nachhaltigkeit: Unternehmerische Verantwortung

„Nachhaltigkeit bedeutet, die Bedürfnisse der Menschen heute zu befriedigen, ohne die Bedürfnisbefriedigung künftiger Generationen zu gefährden".[11] Demnach kann unter ‚Corporate Social Responsibility' oder kurz CSR die gesellschaftliche Verantwortung von Unternehmen als Teil des nachhaltigen Wirtschaftens verstanden werden. Der Fachbegriff ist international in Unternehmen, Verbänden, Politik sowie Interessengruppen seit Jahren etabliert – jedoch gibt es unterschiedliche Definitionen und häufig wird er nach eigenem Ermessen imagefördernd und teils irreführend ausgelegt. CSR betrifft meist das Kerngeschäft, das durch Globalisierung ökonomischen, sozialen und ökologischen Einfluss auf das Geschehen hat. Eine wörtliche Übersetzung würde in diesem Kontext zu kurz greifen, denn es ist nicht nur die ökonomische, soziale und ökologische Verantwortung von Unternehmen gemeint, sondern auch ihre gesamtgesellschaftliche sowie regionale Verantwortung. Verdeutlicht werden kann das in einer grafischen

---

[11]Hauff, V. (1987, S. 46).

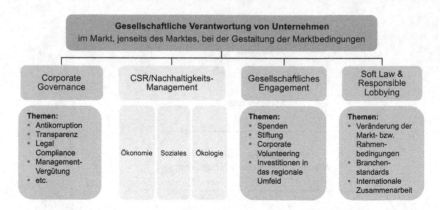

Abb. 3.3 Gesellschaftliche Verantwortung von Unternehmen. (Quelle: Eigene Darstellung)

Skizze (Abb. 3.3), die nicht den Anspruch auf ein umfassendes Bild gesellschaftlicher Verantwortung von Unternehmen und deren CSR-Fokussierung hat.

Deutlich wird an dieser Grafik, dass Führung sowie Management eine zentrale Funktion bei Veränderungen haben, wodurch Führung und Organisationskultur unmittelbar miteinander verbunden sind. Über das eigene Verhalten machen Führungskräfte die Kultur einer Organisation für Mitarbeitende erlebbar, geben Orientierung und sind Vorbild, das heißt, sie machen damit eine eher schwer greifbare Organisationskultur greifbar.[12] Führungskräfte sind maßgebliche Gestalter von Organisationskulturen und an Entwicklungen von CSR beteiligt.[13] Sie erhalten die Aufgabe den Sinn von CSR allen Beteiligten zu vermitteln und kontinuierlich zu reflektieren sowie die Werte eines ganzheitlichen Nachhaltigkeitsprinzips in einer Organisation zu verankern.

Integral dabei ist eine moderne Strategieentwicklung. Der Harvard-Professor MICHAEL PORTER, legte bereits im Jahr 1979 den Grundstein für die Betrachtung moderner Strategieentwicklung. Dieser Grundstein setzt sich aus den Wettbewerbskräften zusammen, die die Strategien eines Unternehmens beeinflussen. Von den fünf Kräften, neue Wettbewerber, Verhandlungsmacht von Käufern und

---

[12]Vgl. Sackmann, S.A. (2017, S. 382).
[13]Vgl. Arbeitskreis Nachhaltige Unternehmensführung (2015, S. 53).

Zulieferern, alternative Produkte und Konkurrenz bestehender Wettbewerber, leitet er drei mögliche Strategien für Unternehmen ab.[14]

Jahre später ist das Spannungsfeld aus Wettbewerb, Produktherstellern und Kunden ausdifferenzierter und komplexer gefächert. Zu einer modernen Strategieentwicklung gehört vermutlich mehr, als sich z. B. auf fünf Kräfte und drei Strategievarianten zu stützen. Auch wenn Porters Erkenntnisse heute nicht mehr ausreichen, so gelten seine Prinzipien immer noch. In den weiteren Erläuterungen können so immer wieder Parallelen zu PORTERS Gedanken erkannt werden.[15]

MALIK versteht unter Strategie:

> Strategie ist richtiges Handeln, wenn wir nicht wissen, wie die Zukunft sein wird, und dennoch handeln müssen, wobei auch nichts zu tun ein Handeln ist.
> Strategie heißt, bevor man etwas beginnt, von Anfang an so zu handeln, dass man auf Dauer Erfolg hat.
> Strategie handelt nicht von zukünftigen Entscheidungen, sondern von der Zukunftswirkung heutiger Entscheidungen, zu denen auch die Nicht-Entscheidungen gehören.[16]

Eine weitere Definition, die auch gegenwärtig noch große Anerkennung findet, stammt von WEBER und KLEIN, die ‚Strategie' wie folgt beschreiben:

> Unter Strategie bzw. strategischem Management werden in der Betriebswirtschaftslehre relativ übereinstimmend Konzepte verstanden, die darauf zielen, das Unternehmen auf eine sich verändernde Umwelt dadurch einzustellen, daß die vorhandenen Potentiale gefördert und genutzt, sich abzeichnende oder schon offenkundige Schwächen abgebaut werden. Strategien sind umfassende Konzepte, die sowohl die Ziele als auch die Wege bzw. Mittel zur Erreichung dieser Ziele umfassen.[17]

Die Orientierung am Wettbewerb fließt demnach, nach wie vor, als ein maßgebliches Kriterium jeder Strategieentwicklung mit ein. Unternehmensstrategien tragen, als genaue, langfristig angelegte Pläne der Vorgehensweise, zur Erreichung eigener oder vorgegebener Unternehmensziele bei[18]. Diese Strategie soll im Wettbewerb

---

[14]Porter, M. (2004, Strategie, S. 47).
[15]Vgl. Porter, M. (2004, Strategie, S. 47).
[16]Malik, F. (2011, S. 19).
[17]Weber und Klein zitiert in Rodehuth, M. (1999, S. 39).
[18]Vgl. auch Rodehuth, M. (1999, S. 39).

also den gewünschten Erfolg bringen. Sie ist deshalb einmal auf lange Sicht hin konzipiert und wirkt handlungs- und richtungsweisend. Zudem lassen sich aus ihr Direktiven zur unmittelbaren praktischen Umsetzung ableiten, die der gegenwärtigen und in gleichem Maße kontinuierlichen Entwicklung, im Hinblick auf die Erreichung der Unternehmensziele, förderlich sind.[19]

Innerhalb der Strategiebildung werden themenspezifische Strategietypen voneinander abgegrenzt. Meist handelt es sich bei den Strategietypen um Themen wie:

- Positionierung des Unternehmens in seinem sozio-politischen Umfeld, eingeordnet als gesellschaftliche Strategien,
- die notwendige Teilhabe des Unternehmens an neuen Geschäften, kategorisiert als Markteintrittsstrategien und
- die Positionierung des Unternehmens im Wettbewerb, wahrgenommen als Wertschöpfungsstrategien.[20]

Auf diesen Strategietypen aufbauend lassen sich folgende Aufgabenkomplexe als Gegenstand strategischer Unternehmensführung zur Erreichung der Unternehmensziele kennzeichnen:

- Festlegung der Unternehmensphilosophie, die als die Summe der gemeinsamen Wertvorstellungen der obersten Führungskräfte eines Unternehmens gilt.
- Festlegung unternehmenspolitischer Ziele,
- Geschäftsfeld- sowie grundlegende Funktions- und Regionalstrategieplanung,
- Organisations-, Rechtsform- und Rechtsstrukturplanung,
- Führungssystemplanung und
- Unternehmenskultur – die unternehmensgeschichtlich gewachsenen, gelebten und zumindest partiell gestaltbaren Denk- und Verhaltensmuster des Unternehmenspersonals.[21]

Die Konsequenzen aus den Aufgabenkomplexen spiegeln sich in der Vision des Personalmanagements, dem Unternehmensleitbild sowie den Unternehmens- und Führungsgrundsätzen wider.[22] Die Unternehmens- und Führungsgrundsätze

---

[19]Vgl. Gabler Wirtschaftslexikon (1993, S. 3170).
[20]Vgl. Gabler Wirtschaftslexikon (1993, S. 3170).
[21]Vgl. Gabler Wirtschaftslexikon (1993, S. 3175).
[22]Vgl. Gabler Wirtschaftslexikon (1993, S. 3175).

werden geprägt durch Ideen, Regeln, Theorien, Prinzipien, Hypothesen usw. Diese sollten eng an der ‚Führungsphilosophie' eines Unternehmens angelehnt sein und die Vorstellungen erkennen lassen, wie Führungskräfte ihre strategischen Entscheidungen treffen sollten[23]: eben nach jenen strategischen Grundsätzen, die für das jeweilige Unternehmen spezifisch sind. Damit Unternehmen ihrer gesellschaftlichen Verantwortung gerecht werden können, müssen sie ihre strategische Ausrichtung und ihr Führungsverständnis in Einklang zu den Dimensionen von Nachhaltigkeit bringen. Konkret braucht es also eine Unternehmensstrategie, welche auf die sogenannte ‚triple bottom line' achtet, also auf das wirtschaftliche, soziale und ökologische Ergebnis (‚profit, planet, people'). Die spezifischen Möglichkeiten zur Umsetzung einer nachhaltigen Unternehmensstrategie sind vielfältig und reichen von einer Analyse des sogenannten Carbon Footprints einer Organisation (also ihres gesamten CO_2 Ausstoßes pro Jahr) oder des Lebenszyklus der eigenen Produkte hin zu Instrumenten wie Öko-Bilanzen, Umweltmanagementsystemen nach ISO 14001, oder Umweltverträglichkeitsprüfungen. Doch auch Sofortmaßnahmen gehören dazu, wie etwa eine organisationsweite Energiesparinitiative, Investitionen in emissionsärmere und effizientere Maschinen, Programme zur Reduktion des Papierverbrauches oder die vermehrte Nutzung virtueller Sitzungen anstatt CO_2 -intensiver Flug- und Autoreisen. Solche Handlungen sind rasch nötig, trotz zeitweiser Unsicherheit, Sachzwängen oder ‚Status-Quo Denken'.

Demnach hat ‚der Schlüssel' zur Nachhaltigkeit mehrere Ebenen (Abb. 3.4):

Es scheint offensichtlich: Wir sollten die Zukunft nicht der Gegenwart opfern. Doch genau dies tun nicht nur einzelne Menschen oder Unternehmen, sondern ein Großteil der Gesellschaft zurzeit. Doch warum sollten sich gerade Führungskräfte für Nachhaltigkeit interessieren? Um dies zu beantworten, kann ökonomisch, ethisch oder ganz pragmatisch argumentiert werden: Ökonomische Antworten wären z. B., dass es Managern hilft, ihre eigene Organisation wirklich und langfristig zukunftsfähiger zu gestalten, dass es Reputationsrisiken senkt und einer Organisation zu einer positiveren Außenwahrnehmung verhilft. Ein weiteres ökonomisches Argument wäre die Tatsache, dass Investitionen in Nachhaltigkeit oft auch Innovationstreiber sind und zudem Kosten senken, da sie Organisationen öko-effizienter machen. Ethisch argumentiert kann gesagt werden, dass Manager in einer privilegierten Verantwortungsposition sind, um eine nachhaltige Entwicklung zu ermöglichen. Pragmatisch argumentiert führt eine nicht von sich aus

---

[23]Vgl. Gabler Wirtschaftslexikon (1993, S. 3178).

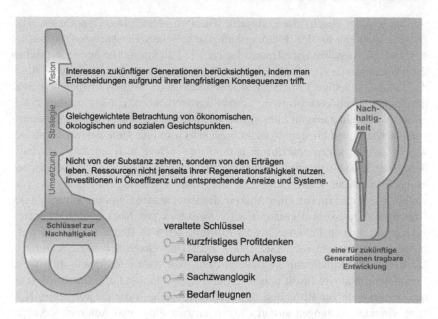

Abb. 3.4 Schlüssel zur Nachhaltigkeit. (Quelle: Eppler M.J. 2010, S. 48 f.)

nachhaltige (Unternehmens-) Politik mittelfristig zu einer höheren Regulierungsdichte, zu einem großen Rückgang des Bruttosozialproduktes sowie zu einer massiven Einbuße an Lebensqualität.

Doch wie schaffen es Unternehmen eine Kultur und Strategie zu etablieren, die ein gesellschaftlich verantwortungsvolles Handeln im Sinne von Nachhaltigkeit dauerhaft ermöglicht und sicherstellt? Wie bereits dargestellt, müssen Unternehmen heute mehr denn je über die Fähigkeit verfügen, sich an verändernde Umweltbedingungen anzupassen. Angesichts fehlender Kontinuität der Arbeitswelt und wachsender Anforderungen an eine nachhaltige Unternehmensführung, wird die Notwendigkeit kontinuierlicher Personal- und Organisationsentwicklung forciert. Unternehmen sind gefordert, sich auf diesen dauerhaften Prozess einzulassen. Mehr noch, sie müssen die Bereitschaft und Fähigkeit entwickeln, sich nicht nur auf Lebenslanges Lernen einzulassen, sondern Lernen zum integralen Bestandteil ihres alltäglichen Handelns und Denkens zu machen.

3.2.1 Lebenslanges Lernen

„Lernen ist wie Rudern gegen den Strom. Sobald man aufhört, treibt man zurück." So BENJAMIN BRITTEN. Demnach ist

... alles Lernen während des gesamten Lebens, das der Verbesserung von Wissen, Qualifikationen und Kompetenzen dient und im Rahmen einer persönlichen, bürger-gesellschaftlichen, sozialen bzw. beschäftigungsbezogenen Perspektive erfolgt.

Lebenslanges Lernen[24] wurde durch einen Paradigmenwechsel im individuellen, gesellschaftlichen und beruflichen Bereich zu einem entscheidenden Faktor für eine nachhaltige Entwicklung. Diese Entwicklung stellt aufgrund der rasanten Veränderungen von Qualifikationsanforderungen und angesichts des demografischen Wandels eine Herausforderung dar,[25] auf die durch Weiterbildung und Kompetenzentwicklung reagiert werden soll. Diese schaffen neue und sich permanent verändernde Brücken zwischen Individuum und Arbeitswelt. Mehr und mehr ist Lebenslanges Lernen Teil eines Workflows. Wer Informationen benötigt, nutzt Wissen und Erfahrung aus der Community.[26]

Demnach hört Lernen nach Schule, Ausbildung oder Studium nicht auf, da es ein wesentliches ‚Werkzeug' zum Erlangen von Bildung[27] und somit für die Gestaltung individueller Lebens- und Arbeitschancen ist. Lebenslanges Lernen durchbricht herkömmliche Strukturen, d. h. die aufeinander folgenden Abschnitte

---

[24]Vor dem Hintergrund einer allgemeinen Infragestellung der Bildungssysteme und im Kontext der Ereignisse in den 68er Jahren wurde durch eine Reihe von Berichten und Veröffentlichungen der Begriff des ‚Lebenslangen Lernens' eingeführt.

[25]Gemäß den Erkenntnissen bevölkerungsstatistischer Studien wird erwartet, dass sich bis 2050 der Anteil der unter 20jährigen von derzeit 21 % auf 16 % verringern, der Anteil der 60jährigen und älteren Menschen sich dagegen von 22 % auf 37 % spürbar erhöhen wird. Vgl. http://www.bmfsfj.de/Politikbereiche/Aeltere-Menschen/demographischer-wandel.html, gefunden am 22.09.2004.

[26]Vgl. Geffroy, E. K. und Albiez, D: Herzenssache (2016, S. 155).

[27]Was genau unter Bildung zu verstehen ist, wie sie zustande kommt und woran sie letztlich festzumachen ist, ist ungeklärt und kaum endgültig zu klären. Vgl. dazu Langewand, A. (2000, S. 69–98).

eines Bildungsweges. Oft bedeutet Lebenslanges Lernen allerdings mehr als ein Anpassungsprozess von Qualifikationen[28] an neue Erfordernisse, die aus dem technischen Fortschritt gewachsen sind. Dieser Fortschritt verlangt ein permanentes, flexibles ‚up-dating' von Kompetenzen, das so weit wie möglich in den Arbeitsprozess integriert und damit auch Lernaktivitäten einbeziehen soll.

Lebenslanges Lernen bedeutet also mehr, als sich geforderte Qualifikationen anzueignen oder diese zu erweitern. Es umfasst eine Gesamtheit von formellen, non-formellen und informellen Lernformen, die sich über die gesamte Lebensspanne hinweg ergänzen.[29] Es bildet ein Netzwerk, eine Verzahnung von bislang segmentierten Bildungsbereichen und integriert Vorschulbildung, schulische Bildung, Berufsbildung, Hochschulbildung sowie allgemeine und berufliche Weiterbildung zu einem aufeinander aufbauenden transparenten Gesamtsystem.[30]

Darüber hinaus ermöglicht es Eigenverantwortung für ein lernendes Individuum auf seinem Bildungsweg.[31] Lernen ist untrennbar mit (Eigen-) Verantwortung für seine persönliche Entwicklung und für die Gestaltung der eigenen Berufslaufbahn verbunden. Durch die Übernahme dieser Verantwortung bleibt er beschäftigungsfähig[32]:

> For the individual, learning is employability and employability is learning. For the organization, learning is survival and survival is learning. For both, lifelong learning is lifelong earning.[33]

Nur wenn das Individuum lernbereit ist, hat es die Chance, beschäftigungsfähig zu werden. Nur wenn das Individuum bereit ist, lebenslang weiter zu lernen, dann bleibt es auch beschäftigungsfähig.

---

[28]„In Deutschland wird Qualifikation als zertifizierte (geprüfte) Qualifikation verstanden und in Bildungsabschlüssen bzw. den ihnen zugeordneten Schul- und Ausbildungsjahren gemessen". Volkholz, V.: Lernen und Arbeiten (2001, S. 380).

[29]Vgl. Tippelt, R. (2004, Lernen für Pädagogen, S. 108).

[30]Vgl. Schlussbericht der unabhängigen Expertenkommission – Finanzierung Lebenslangen Lernens: Zukunft (2004, S. 6).

[31]Vgl. Schlussbericht der unabhängigen Expertenkommission – Finanzierung Lebenslangen Lernens: Zukunft (2004, S. 6).

[32]Für Berufsfähigkeit wird vielfach der Begriff ‚employability' verwendet.

[33]Longworth, N. (1996, S. 64).

Im Rahmen einer Gesamtstrategie des Lebenslangen Lernens werden insbesondere bildungspolitische[34] Zielsetzungen verfolgt: Erhöhung der Transparenz, Verbesserung der Beratung, Sicherung der Qualität aller Bildungsbereiche, Förderung neuer Lehr- und Lernkulturen, Zertifizierung von Weiterbildungsleistungen und Schaffung eines lernförderlichen Umfeldes für Menschen in speziellen Lebenslagen.[35]

In erster Linie soll durch die Leitplanke Lebenslanges Lernen eine Basis für mehr Beschäftigungsfähigkeit gelegt werden. Sowohl für Führungskräfte als auch für Mitarbeitende wird Lebenslanges Lernen, d. h. die fortschreibende Entwicklung ihrer beruflichen Qualifikationen und Kompetenzen[36], zu einer Frage des Bestehens. Denn angesichts der Schnelllebigkeit im Arbeitsalltag veraltet einst erworbenes berufliches Know-how[37] in immer kürzeren Abständen.

---

[34]In Deutschland wurden erste Konzepte in den 1990er Jahre wirksam, wie die Veröffentlichung der europäischen Kommission zur Vorbereitung des Europäischen Jahres des Lebenslanges Lernen 1996 oder der Bericht der UNESCO unter Leitung von J. Delors. Die Bundesregierung hat diese Anregungen aufgenommen beispielsweise im Modellversuchsprogramm Lebenslanges Lernen der Bund-Länder-Kommission für Bildungsplanung und Forschungsförderung. An dieser Stelle soll nicht auf weitere Veröffentlichungen eingegangen werden, sondern verdeutlicht werden, dass sich im Weiteren mit Lebenslanges Lernen als bildungspolitische Strategie beschäftigt wird. Die damit verbundenen gesellschaftlichen Umbruchs- und Herausforderungssituationen, die durch Stichworte wie demographischer Wandel, Effizienzwettbewerb etc. gekennzeichnet sind, stellen einen wichtigen Komplex dieser Arbeit dar.

[35]Vgl. Schlussbericht der unabhängigen Expertenkommission – Finanzierung Lebenslangen Lernens: Zukunft (2004, S. 6 f.).

[36]An dieser Stelle soll die Feststellung genügen, dass Kompetenz häufig im Sinne von Qualifikation verwendet wird. Die unverwechselbaren individuellen Fähigkeiten und Eigenschaften lassen sich allerdings nicht mit dem Begriff der Qualifikation erfassen. Kompetenzen erhalten aufgrund ihrer individuell-subjektiven Dimension ihre Bestimmung. Qualifikationen sind dagegen subjektunabhängig. Vgl. Pawlik et al. Kompetenzentwicklung (2003, S. 14 f.).

[37]„Inbegriff von Kenntnissen und Erfahrungen technischer, administrativer oder finanzieller Natur, die im Betrieb eines Unternehmens oder in der Ausübung eines Berufs anwendbar sind". http://www.wissen.de/xt/default.do?MENUNAME=Suche&SEARCHTYPE=topic&query=know-how, gefunden am 22.09.2004.

Somit gilt das Prinzip des Lebenslangen Lernens als bedeutender Innovations-faktor.[38] Für die Wettbewerbsposition eines Unternehmens sind Innovationen und Qualifizierungen des Personals langfristig von großer Bedeutung, zumal beide miteinander verknüpft sind. Innovationen erzeugen neue oder veränderte Qualifikations- und Kompetenzanforderungen, auf die mit Qualifizierung und individueller Kompetenzentwicklung reagiert werden sollte, um sie wirksam werden zu lassen. Denn je rascher sich ein Unternehmen zu einer lernenden Organisation[39] entwickelt, in der stetige Qualifizierung und Kompetenzentwicklung – von der Ausbildung bis hin zur Weiterbildung – eine entscheidende Strategie darstellen, umso besser wird ein Unternehmen für den sich verschärfenden Wettbewerb gewappnet sein. Der Mensch wird demnach als ‚Wettbewerbsfaktor' in den Mittelpunkt gerückt und Lebenslanges Lernen bildet dabei ein Schlüsselelement. Für die Bewältigung beruflicher und sozialer Anforderungen im Arbeitsleben wird dadurch eine wesentliche Grundlage geschaffen. Lernen als lebenslanger Prozess ist nun nicht mehr nur ein momentanes Sich-Einlassen auf situative Problemlagen, sondern wird zunehmend zu einem die Berufsbiografie beeinflussenden Prinzip erhoben.

Für Führungskräfte ergibt sich daraus, dass nicht mehr nur fachliches Wissen Priorität hat. Mehr und mehr sind Sozial- und Persönlichkeitskompetenzen, breit gefächertes Wissen, die Fähigkeit, lebenslang zu lernen und die Erkenntnis, wann was zu lernen ist, erforderlich, gar notwendig. Grundsätzlich heißt es: „Lernen erzeugt Know-How, und Know-How ist der Goldvorrat eines jeden Unternehmens"[40].

---

[38]„Der Begriff Innovation bedeutet so viel wie ‚Einführung einer Neuerung' und geht auf das lateinische Wort ‚innovatio' zurück. Meist wird es auf technische Neuerungen bezogen, es kann aber auch soziale, organisatorische oder sonstige Neuerungen meinen. Innovationen, das heißt nicht nur, neue Technologien einzusetzen, es heißt auch, bessere Arbeitsbedingungen zu entwickeln, für eine intaktere Umwelt zu sorgen und effizientere Abläufe einzuführen". http://www.bmbf.de/de/1316.php, gefunden am 05.10.2004.

[39]„Eine Lernende Organisation zeichnet sich dadurch aus, dass ihre Akteure häufig, bewusst und gemeinsam über ihr Selbstkonzept, ihr Handeln und die dadurch erzielten Ergebnisse nachdenken. Dabei entwickeln sie Ideen für Veränderungen und setzen diese in Strukturen, Prozessen und Maßnahmen um. Die Fähigkeit, Veränderungsbedarf zu erkennen und die Kompetenz zur Strategieverwirklichung gehen also Hand in Hand. Ziel einer lernenden Organisation ist eine kontinuierliche Organisationsentwicklung. Das Unternehmen erweitert damit ständig seine Fähigkeit, die eigene Zukunft schöpferisch zu gestalten und sich veränderten Marktbedingungen anzupassen." http://4managers.de/management/themen/lernende-organisation/, gefunden am 30.07.2018.

[40]Geffroy, E. K. und Albiez, D. (2016, S. 155).

3.2.2   Implikationen des Lebenslangen Lernens für die Berufs- und Arbeitswelt

Die auf den ersten Blick banale Lebensweisheit: „Der Sinn des Reisens ist, an ein Ziel zu kommen, der Sinn des Wanderns, unterwegs zu sein."[41], kann als Sinnbild für heutige Veränderungen in der Arbeitswelt[42] herangezogen werden.

Aufgrund der Veränderungen im Arbeitsalltag wird der Erwerbsfähige mehr und mehr zum Wanderer. Bei dem ‚Prinzip des Wanderers' wird jeder Teil des Weges, je nach individuellem Leistungsvermögen, Interesse oder den Gegebenheiten durch das Umfeld bestimmt. Eine Wanderkarte dient dabei der allgemeinen Orientierung, mit der es möglich wird, Wege zu wechseln, unverhoffte Entdeckungen zu machen und Erfahrungen zu sammeln. Das ‚Prinzip des Reisens' hingegen ist abhängig von vorgegebenen Orten, Strecken und Zeiten.[43] Es unterliegt einer klar vorgegebenen Reiseroute.

Mit dieser Lebensweisheit soll verdeutlicht werden, dass im beginnenden 21. Jahrhundert die Tendenz zu einer Berufsausübung auf Zeit zu verzeichnen ist. „Der Wechsel von Arbeitsplatz, Unternehmen und Beruf wird zur Norm".[44] Einst erworbenes Fachwissen, Arbeitsinhalte und -felder gelten schnell als veraltet, weil

---

[41]Wittwer, W. (2002, S. 169).

[42]Arbeit ist in Verbindung mit dem Berufskonzept zu sehen: Arbeit als Berufung. Daher bedarf der Arbeitsbegriff an dieser Stelle einer gesonderten Erklärung. Arbeit wird vielfach definiert als eine zielgerichtete Auseinandersetzung des Menschen mit seiner natürlichen und dinglich-kulturellen Umgebung. Sie dient durch die Erzeugung von Produkten, der Bereitstellung von Dienstleistungen und dem Erschaffen geistig-kultureller Objekte dem Lebensunterhalt und der Befriedigung körperlicher und seelischer Bedürfnisse. Als Erwerbsarbeit zielt sie auf das Geldeinkommen, das dann in der Regel für die Sicherung der Lebensgrundlagen verwendet wird.

Je komplizierter die Aufgaben, Verfahren und Organisationsformen der gesellschaftlichen Arbeit werden, desto mehr gewinnen organisierte Berufsausbildung und laufende Weiterbildung an Bedeutung.

In der heutigen Zeit ist das soziale Ansehen einer Arbeit für den sozialen Rang eines Menschen nach wie vor von Bedeutung, weil die eingenommene Arbeitsposition zumeist über die Höhe der Abschlüsse im Bildungswesen, die Berufsausbildung bzw. das Studium sowie das Erwerbseinkommen und die beruflichen Kompetenzen definiert ist. Vgl. SCHAUB, H.: dtv-Wörterbuch, 2000.

[43]Wittwer, W. (2002, S. 169).

[44]Wittwer, W. (2002, S. 169).

der technisch-technologische Fortschritt neue Möglichkeiten eröffnet und der Konkurrenzkampf groß ist.

Berufliche Flexibilität, als ein Teilaspekt des Lebenslangen Lernens, wird deshalb zu einer geforderten Grundeinstellung, um auf die sich ständig verändernden Bedingungen des Arbeitsmarktes reagieren zu können.

> Die Bindung an einen Lebensberuf ist heute kaum noch gegeben. Mehr denn je wird berufliche Flexibilität gefordert und in ihr ein probates Mittel zur Vermeidung individueller Arbeitslosigkeit gesehen.[45]

Eine veränderte Form beruflicher Entwicklung hat Auswirkungen auf die Biografie jedes Einzelnen. Durch mögliche Veränderungen im Arbeitsprozess, den Wechsel des Arbeitgebers, den Wechsel des Berufs und den Wechsel in die Arbeitslosigkeit wird die Berufsbiografie bereits heute und erst recht zukünftig ein buntes Muster aus verschiedenen Phasen sein.[46] An die Stelle des einen, lebenslang ausgeübten Berufes tritt ein neues Verständnis von Beruflichkeit. Lebenslanges Lernen zählt damit zu einer kompetenzbiografischen Vergegenwärtigung und selbstreflexiven Bearbeitung der eigenen Berufs-, Tätigkeits- und Bildungsbiografie.[47] Die einst erworbene Qualifikation, verstanden als Fachkompetenz[48], verliert zugleich ihre biografische Schutzfunktion. Sie wird zu einem lebenslangen Risiko für den Erwerbsfähigen. Denn Fachkompetenz ist immer weniger als ‚das' Fundament zu verstehen, auf dem der Erwerbsfähige seinen Lebensentwurf realisiert, sondern eher als ein vorübergehender, ständig wechselnder Identitätsbaustein.[49]

> Unsere Gesellschaft verändert sich und sie verändert sich in einer Geschwindigkeit, die frühere Generationen nicht kannten. Das Tempo dieser Veränderungen hat eine neue Qualität erreicht, die dazu führt, dass wir nicht mehr genau wissen, in was für einer Welt die Kinder, die heute geboren werden, einmal leben werden. […] Es kommt bei der Bildung von morgen daher scheinbar weniger auf die vermittelten Inhalte an, als vielmehr auf die Förderung der allgemeinen Kompetenz, neues schnell und gründlich zu lernen und dies dann auch anwenden zu können.[50]

---

[45]Falk, R. (2000, S. 11).
[46]Vgl. Wittwer, W. (2002, S. 170 f.).
[47]Brödel, R. (Hg.) (2004, S. 9).
[48]Vgl. Wittwer, W. (2002, S. 173).
[49]Vgl. Arnold, R.: WB und Beruf, (1999, S. 252).
[50]Kuhlmann, C.: Erziehung und Bildung (2013. S. 247 f.)

3.2.3   Handlungskompetenz: Aufgabenorientierter Mut

Der Gedanke der Kompetenzentwicklung birgt ein dynamisches Konzept[51] der ständigen Erneuerung unter der Prämisse des Lebenslangen Lernens und Ergänzung von Kenntnissen und Fertigkeiten in sich. Er rückt zugleich die Lernendenperspektive und die wachsende Eigenverantwortung des Einzelnen für seinen Bildungs- und Qualifikationsprozess in den Mittelpunkt. Daher steht das informelle Lernen in enger Verbindung zur Kompetenzentwicklung. Informelles Lernen ermöglicht Kompetenzentwicklung ,just in time' in der Lebens- und Arbeitswelt.

Das entwickelte Vermögen beruflicher Fähigkeiten wird demnach beispielsweise unter beruflicher Handlungskompetenz zusammengefasst. Diese Fähigkeit erlaubt es dem Individuum, in konkreten beruflichen Situationen gestellte Leistungsanforderungen entsprechend zu meistern.[52]

> Kompetenz ist Handlungsfähigkeit: das individuelle Vermögen, sich in immer neuen Situationen und unter stets neuen Anforderungen zu bewähren.[53]

Berufliche Kompetenz wird dementsprechend zur Fähigkeit des Individuums erhoben, um im Wettbewerb erfolgreich bestehen zu können. Dadurch wird der Begriff Kompetenz einerseits von dem Begriff Qualifikation abgegrenzt, andererseits

---

[51],Dynamisches Konzept' meint in gewissem Maße eine Prozessorientierung in Bezug auf die Verknüpfung von Arbeits- und Lernprozessen. Das dynamische Konzept beinhaltet im Kontext des LLL-Prinzipes zweierlei: 1. Es zielt stärker auf das bedürfnis- und bedarfsgerechte Lernen im Erwachsenenalter im Arbeits- und sozialen Lebensprozess ab. 2. Zudem orientiert es sich an Weiterbildung bzw. an den tatsächlichen Lernprozessen der Erwachsenen, an den eigenen, realen Lernumgebungen, ihren Bedürfnissen, kognitiven und motivationalen Kompetenzen.

[52]Vgl. Reetz, L. (1999, S. 245).

[53]Loebe, H.: Vorwort (2004, S. 5).

spiegeln die Begriffe Kompetenz und Qualifizierung gemeinsam die Abkehr der beruflichen Bildung vom bürgerlichen Bildungsverständnis[54] wider.[55]

Kompetenz im Sinne von aufgabenorientierter Fähigkeit ist als Fachausdruck mit den Funktionsbereichen Personalauswahl, Personalbeurteilung und Personalentwicklung verbunden. Unter der aufgabenorientierten Fähigkeit sind Kapazitäten, Potenziale, Qualifikationen und ‚professionelle Zuständigkeit‘ für eine Handlung zu fassen.[56]

Charakteristisch für die aufgabenorientierte Begriffsverwendung von Kompetenz ist die individualisierte Perspektive. Im Wesentlichen bezieht sich Kompetenzentwicklung in diesem Bereich auf die Weiterbildung und Förderung des Menschen im Unternehmen und nicht auf organisationale Lernprozesse mit dem Ziel der geplanten organisierten Veränderung. Bisher verstanden die Funktionsbereiche Personalauswahl, Personalbeurteilung und Personalentwicklung unter Kompetenz, Wissen und Können. Dieses Verständnis von Kompetenz rückt in die Nähe des Qualifikationsbegriffes, wobei Qualifikation primär auf die Verknüpfung von Fähigkeiten und deren rechtsförmige Zertifizierung bezogen ist. Der Kompetenzaufbau nimmt Bezug auf gegenwärtige und zukünftige Tätigkeitsbereiche und zielt somit auf die fachkundige Berufs- und Lebensbewältigung.[57] Die dadurch erzielte berufliche Handlungsfähigkeit/-kompetenz beinhaltet das Quartett der Fach-, Methoden-, Sozial- und Individualkompetenz.

Bei den nachfolgenden Erläuterungen ist zu bedenken, dass die Aufteilung der Kompetenzen in vier aufgabenorientierte Fähigkeiten ‚künstlich‘ ist. Dies insofern, als dass bei der Bewältigung konkreter Aufgaben die einzelnen aufgabenorientierten Fähigkeiten komplementär und je nach Aufgabe in unterschiedlicher Intensität beansprucht werden sowie miteinander verzahnt sind. Alle vier Dimensionen konstituieren berufliche Handlungskompetenz (Abb. 3.5).

---

[54]Das bürgerliche Bildungsverständnis vertrat die Meinung: „Der Mensch als prinzipiell vernunftbegabtes Wesen ist aufgerufen zu Freiheit und Mündigkeit. Er hat seinen Zweck in sich selbst. Bildung wird zur Selbst-Bildung der Individualität in der Auseinandersetzung des Menschen mit den Erscheinungsformen seiner Kultur. Bildungsarbeit als gestaltende Einflussnahme kann von daher nicht als Formung nach einem vorgegebenen Bilde gedacht sein, sondern allein als Angebot von außen und Bereitschaft von innen zum Dialog über das Sein des Einzelnen […]." Schaub, H. (2000).

Es könnte an dieser Stelle diskutiert werden, ob es das so überhaupt gab oder es nur ein Ideal war. Dem kann an dieser Stelle nicht nachgegangen werden.

[55]Vgl. Falk, R. (2000, S. 382).

[56]Vgl. Schneider, H. (2000, S. 6.21/3).

[57]Vgl. Becker, M. (1998, S. 12).

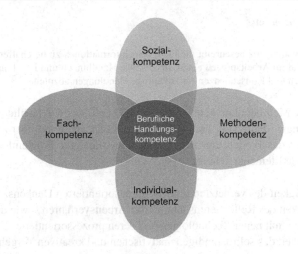

Abb. 3.5 Dimensionen beruflicher Handlungskompetenz. (Quelle: Pätzhold G. 1999, S. 58)

Fachkompetenz

> Fachkompetenz umfaßt [...] alle erforderlichen fachlichen Fähigkeiten, Fertigkeiten
> und Kenntnisse zur Bewältigung konkreter, beruflicher Aufgaben.[58]

Unter Fachkompetenz ist die professionelle Zuständigkeit, der Besitz des berufs-
notwendigen Sachverständnisses in Angelegenheiten des eigenverantwortlichen
Tätigkeitsfeldes sowie die erforderliche fachliche und direkt auf den Leistungsprozess bezogene Basisqualifikation gemeint. Hinzu kommt eine spezifische
Praxiserfahrung, fokussiert auf die fachliche Bewältigung der zugewiesenen,
sowohl bekannten als auch noch nicht bekannten, Tätigkeitsbereiche. Darüber
hinaus ist mit fachlicher Kompetenz die zu erwartende Fähigkeit verbunden, einen
fachkundigen und sachverständigen Lösungsbeitrag für Aufgaben zu finden, die in
keinem direkten Bezug zu dem eigenen momentanen Tätigkeitsbereich liegen.[59]

Jemand ist also dann fachlich kompetent, wenn er selbstorganisiert-dis-
positionell über verschiedene Wissensinhalte verfügt.

---

[58]Becker, M. (1998, S. 12).
[59]Vgl. Schneider, H. (2000, S. 6.21/8).

Methodenkompetenz

> Methodenkompetenz beschreibt die Fähigkeit, Informationen zu beschaffen, zu ver-
> arbeiten und im Arbeitsprozeß einzusetzen sowie Handlungen und Handlungsfolgen
> auszuwerten und Konsequenzen für zukünftige Handlungen abzuleiten.[60]

Demnach ist Methodenkompetenz eine weitgehend von der fachlichen Kompetenz unabhängige Fähigkeit, die zur Planung und Durchführung der Arbeit dient.
Sie beinhaltet das Finden und Realisieren selbstständiger Problemlösungswege,
wozu folgende Elemente gehören:

- „Die Fähigkeit des vernetzten und verfahrensorientierten Denkens,
- die Fähigkeit des Reflektierens alternativer Arbeitsverfahren sowie die Kenntnis
  im Umgang mit neuen Technologien und deren prozessorientierte Handhabung,
- die Fähigkeit des selbstständigen analytischen und kreativen Vorgehens bei der
  Problemlösung".[61]

Zugespitzt ist Methodenkompetenz als situations- und fächerübergreifende, dyna-
misch einsetzbare kognitive Fähigkeit zu verstehen, die eine wesentliche Kompo-
nente zum Erwerb neuer Kenntnisse und Fähigkeiten ist.

Sozialkompetenz

> Sozialkompetenz umfasst Fähigkeiten, z. B. in Teams unterschiedlicher sozialer
> Strukturen kommunikativ und kooperativ zusammenzuarbeiten.[62]

Mit Sozialkompetenzen sind die als ‚extrafunktionale (fach- bzw. rollen-
übergreifende) Komponenten' bezeichneten Fähigkeiten gemeint. Das sind
Kompetenzen, die als trainierbare Einzelfähigkeiten, beispielsweise von
Führungskräften, verstanden werden.
    Für Schneider ist Sozialkompetenz ein mehrdimensionaler Begriff, der in drei
unterschiedliche Dimensionen[63] zu unterteilen ist:

---

[60]Becker, M. (1998, S. 12).
[61]Schneider, H. (2000, S. 6.21/8).
[62]Pätzhold, G. (1999, S. 58).
[63]Vgl. Schneider, H. (2000, S. 6.21/8).

- Interpersonale Kompetenz
- Intrahierarchische Kompetenz und
- Interkulturelle Kompetenz

Interpersonale Kompetenz
Unter interpersonaler Kompetenz ist die Fähigkeit zu verstehen, mit Vorgesetzten, Kollegen, Mitarbeitenden und Kunden zusammenzuarbeiten und ein gutes Betriebsklima zu schaffen und zu erhalten. Konkret werden Teilfähigkeiten erwartet wie:

- bei objektiv, zwischenmenschlichen Problemsituationen mit Führungspersonen, Kollegen etc. erfolgreich zu interagieren und zu kooperieren,
- Empathievermögen[64],
- innerhalb eines Arbeitszusammenhangs mit Partnern – auf der Basis der Bereitschaft zum solidarischen Handeln – zielgerichtet umzugehen,
- konstruktive Konflikthandhabung und Bereitschaft zur fairen Konfliktlösung,
- zwischenmenschlicher Gedanken- und Erfahrungsaustausch, d. h. Kommunikationsfähigkeit und -bereitschaft.[65]

Intrahierarchische Kompetenz
Mit dieser Dimension der Sozialkompetenz ist das Verhältnis von Führungskräften zu den jeweiligen Mitarbeitenden gemeint. Im Wesentlichen wird in dieser Dimension die Führungs- und die Moderationsfähigkeit angesprochen.[66]

Unter Führungsfähigkeit werden beispielsweise folgende Einzelfähigkeiten gefasst:

- Die Aufgaben der unterstellten Mitarbeitenden zu definieren, Ziele festzulegen, die Rollen zu verteilen, die Aktivitäten der einzelnen Mitarbeiter zu koordinieren und sie zur termingerechten Erfüllung ihrer Aufgaben zu ermutigen.

---

[64]Empathie wird verstanden als großes Einfühlungsvermögen, als die Fähigkeit sich in andere hineinzuversetzen. Zudem wird darunter die Fähigkeit verstanden, auf andere Werthaltungen und Normen eingehen sie in die Person integrieren und neue soziale Rollen annehmen zu können. Vgl. Baumgart, E. (Bearb.): Lexikon – EB (1998, S. 80).

[65]Vgl. Schneider, H. (2000, S. 6.21/9).

[66]Vgl. Schneider, H. (2000, S. 6.21/10).

- Die Fähigkeit, die sozialen und psychischen Bedürfnisse der Mitarbeitenden zu befriedigen und die zwischenmenschlichen Verhaltensprobleme zu bewältigen, indem den Mitarbeitenden bei Schwierigkeiten emotionale Unterstützung gewährt wird.
- Das eigene Führungsverhalten auf veränderte Situationen umzustellen und zugleich die Fähigkeit, die Situation innovativ zu verändern.[67]

Unter der Moderationsfähigkeit ist z. B. die Fähigkeit eines Teamführers, der als solcher als Prozess- und Integrationsspezialist zu verstehen ist, gemeint. Als Einzelfähigkeit ist beispielsweise die Fähigkeit der Führungskraft, seine Teammitglieder qualifikations- und zielorientiert in den Kooperationsprozess einzugliedern (Integrationsfähigkeit), als auch deren Aktivitäten, insbesondere die hoch spezialisierten Einzelleistungen der Teammitglieder zu koordinieren (Koordinierungsfähigkeit), gemeint.[68]

Interkulturelle Kompetenz
Die dritte Dimension der Sozialkompetenz rückt heutzutage zunehmend in den Fokus der Betrachtung.

Interkulturelle Kompetenz ist die Anerkennung der Horizont- und Perspektiverweiterung über das eigene bisherige, monokulturell geprägte Verständnis hinaus.

> Interkulturelle Kompetenz ist daher auch die Kompetenz zur Vermittlung zwischen unterschiedlichen Bedeutungen von Begriffen und Konzepten und unterschiedlichen Wertsystemen im Bereich gesellschaftlichen und beruflichen Handelns zu definieren.[69]

Im Arbeitsalltag sind interkulturelle Kompetenzen in allen Kontexten relevant. Für einige Unternehmen sind sie von besonderer Bedeutung, da ihnen seit geraumer Zeit der ‚Heimmarkt' zu klein geworden ist, oder sie längst Teil einer internationalen Unternehmensgruppe sind. In beiden Fällen geht es um die interkulturelle Kompetenz jener, die diese Zusammenarbeit leisten müssen: Es liegt auf der Hand, dass die Kooperationsfähigkeit der handelnden Personen den Nutzen der Zusammenarbeit maßgeblich mitbestimmt.

---

[67]Vgl. Schneider, H. (2000, S. 6.21/10 f.).
[68]Vgl. Schneider, H. (2000, S. 6.21/11).
[69]Baumgratz-Gangl, G. (2003, S. 95).

Unter interkultureller Kompetenz ist demnach z. B. eine Auslandsfähigkeit, Polyzentrismus[70], die Fähigkeit zum Euro- bzw. Global-Manager zu fassen.

Individualkompetenz
Individualkompetenzen oder auch personelle Kompetenzen implizieren Dispositionen eines Menschen, die eigene Persönlichkeit, das eigene Wissen, das Können und die Fähigkeit immer wieder zu reflektieren, zu hinterfragen und zu verändern.[71]

Die Persönlichkeitsmerkmale stellen zumeist die Hauptkriterien dar, um Menschen auf Führungspositionen zu befördern. Dazu gehören das Aushalten von Widersprüchen, Belastbarkeit, Durchsetzungsvermögen, die Fähigkeit strategisch-analytischen Denkens, auch in komplexen Zusammenhängen und Systemen, die Fähigkeit zur selbstständigen und zielorientierten Arbeitsweise sowie die Fähigkeit, noch unter Zeitdruck korrekte Ergebnisse zu erarbeiten. Zudem zählen Flexibilität, Innovations-, Kritik-, Lern- und Problemlösungsfähigkeit dazu.[72]

3.2.4 Neue mentale Denkmodelle: Gewohnte Pfade verlassen

Eine gewisse Veränderungskompetenz von Organisationen ist in Zeiten sprunghaften Wandels und digitaler Transformation eine wesentliche Voraussetzung, um ihre Überlebensfähigkeit zu sichern. Die Organisation vorausschauend zu erneuern und gleichzeitig für die notwendige Stabilität in den Leistungsprozessen zu sorgen, stellt dabei die zentrale Herausforderung für die Akteure des organisationalen Wandels dar. Ziel ist es, dabei neue mentale Denkmodelle zu schaffen. Dadurch wird ein reflektierter Organisationsentwicklungsprozess angestoßen, in dem aktuelle Treiber der Veränderung wie Digitalisierung und Trends wie Agilität auf die normativ-strategischen Ziele und die spezifischen Entwicklungsbedarfe

---

[70]Polyzentrismus ist als Gegenpol zu Ethnozentrismus zu begreifen. Es ist der Versuch, interkulturelle Handlungszusammenhänge nicht vor dem Hintergrund der eigenkulturellen Erfahrungen zu interpretieren; Anerkennung der Eigenständigkeit anderer Kulturen und die Bereitschaft kulturspezifische Wertungen zu realisieren. Vgl. Bolten, J. (2001, S. 85 f.).

[71]Vgl. Pätzhold, G. (1999, S. 58).

[72]Vgl. Schneider, H. (2000, 6.21/12 f.).

in der jeweiligen Unternehmung kulturell anschlussfähig übersetzbar werden, mit kraftvoll pragmatischer Umsetzungsorientierung.

- „aus Zelten werden Paläste,
- aus Erweckungsbewegungen werden Kirchen,
- die Propheten verwandeln sich in Funktionäre,
- aus Aufrührern werden Herrscher mit Hofstaat
- aus freien Denkern werden dogmatische Denkschulen".[73]

Es ist also selbstverständlich, dass erfolgreiche Veränderungsprozesse neue Modelle brauchen – die Frage ist daher nicht warum, sondern eher wie kann diese Veränderung gestaltet werden. Denn selten werden Veränderungen vorgenommen, weil einer neuen Führungsphilosophie oder ein einem neuen Menschenbild gefolgt werden möchte. Ein wesentlicher Aspekt ist: Zeit- und Kostendruck. Organisationen sollen schneller, kostengünstiger und dadurch auch effizienter werden.

Für die Personalentwicklung erfordert dies ebenfalls einen Rollenwandel vom Bildungsbroker zum Begleiter eines Organisationsentwicklungsprozesses, der in einem Netzwerk kontinuierlich neues Erfahrungswissen verbreitet. Doch entscheidend bei einem Wandel ist die Kommunikation und diese darf nach DRUCKER nicht als zusätzliche Aufgabe des Managers empfunden werden, sondern ihm zufolge ist Management gleich Kommunikation. Zentral für die Realisierung von neuen mentalen Denk- und Handlungsmodellen ist also das Führungsverhalten. Führungskonzepte, die auf dem Prinzip der Selbstverantwortung und -führung basieren, die gleichsam die Energie der Gruppendynamik berücksichtigen und das gruppendynamische Kraftfeld nutzen, laufen meist Gefahr, dass sie im Alltag nicht funktionieren. Ein Grund ist meist Inkonsequenz, die sich in drei Ursachen aufteilt:

Scheindelegation
In Unternehmen werden noch oft Aufgaben delegiert, doch die dazu erforderliche Kompetenz oder/und die dazu notwendige durchgängige Verantwortung für eine ungeteilte Prozesskette fehlen. Nach wie vor erweckt es den Schein, als das nur Teilverantwortungen delegiert werden. Doch warum ist es so, dass scheinbar munter in delegierte Bereiche eingegriffen wird? Vielleicht weil Manager Angst haben, die Kontrolle über das Geschehen zu verlieren. Angst, nicht mehr willkürlich eingreifen zu können. Angst, nicht mehr jederzeit über alles Bescheid zu wissen. Nach wie vor steht als handlungsleitendes Managerbild – Ein Manager hat alles im Griff. Getreu

---

[73]http://www.doppler.de/, gefunden am 07.06.2018.

dem Motto, ein Manager ist oben und da braucht es Menschen, die ihm untergeben sind. Ist die Haltung ‚Halt' gebend? Fördert sie kooperatives Denken und Handeln oder die Orientierung an wirksamen Ergebnissen?

Keine Ganzheitlichkeit

Eine weitere Ursache ist die Pseudoganzheitlichkeit. Das Denkmodell der Ganzheitlichkeit hat nur dann eine reale Chance, in die Praxis des Unternehmensalltags umgesetzt zu werden, wenn es ganzheitlich gedacht und konzipiert ist. Dazu gilt es aber, alle relevanten Stellschrauben gedreht zu haben: Strategie, Struktur und Kultur. Es reicht nicht, nur eine neue Funktionsbeschreibung anzufertigen oder entsprechende Weiterbildungen durchzuführen, ohne parallel an der Unternehmenskultur zu arbeiten und die Rahmenbedingungen zu erschaffen, die es attraktiv machen. Attraktiv machen heißt dann, basierend auf strukturellen Vorschlägen oder Vorgaben, Prozesse geradezu unerlässlich zu gestalten und mit Leben zu füllen. Dies lässt sich erreichen, indem solche Prozesse an der Unternehmensstrategie so ausgerichtet werden, dass ohne diese neuen Strukturen und Kulturen die unternehmerische Zielerreichung nahezu unmöglich wird.

Defiziteinsatz

Oft wird das Motto ‚Stärken stärken' in Unternehmen platziert – doch ist es wirklich so? Jeder Mitarbeitende sollte können, was er tun soll. Wenn im Hinblick auf das ‚neu' verlangte Verhalten sogar bislang genau das Gegenteil gefordert war, müssen Ressourcen investiert werden, um das Alte zu verlernen und das Neue einzuüben. Dazu braucht es Führungskräfte, die die Fähigkeit haben, diese Wege zu begleiten und in den ‚haltlosen Zeiten' Orientierung geben bis hin zum Halt. Diese mentale Grundeinstellung von Führungskräften und die daraus resultierende Verhaltensbereitschaft auf Selbstverantwortung umzuprogrammieren, erfordert harte Arbeit an sich selbst und einen stetigen, kollegial aufrichtigen Austausch. Eine mentale Grundüberzeugung reicht für veränderte Unternehmensmodelle nicht aus, damit einer veränderten inneren Einstellung Taten folgen.

Solche Inkonsequenzen im Führungsverhalten können die Kompetenzentwicklung erheblich beeinträchtigen. Eine offene, wertschätzende Haltung und Kommunikation sind für die Entwicklung von Kompetenzen voraussetzungsvoll. Kommunikation stellt eine Art Transmissionswerkzeug dar, um die individuellen latenten Gefühle, Einstellungen und Werthaltungen einem Gegenüber zu vermitteln. Erst dadurch werden etwaig bestehende Barrieren und Hürden beim Kompetenzerwerb oder -erweiterung sicht- und bearbeitbar. Welche Rolle die Gefühlsebene und eigene Wahrnehmung bei der Arbeitstätigkeit spielt, verdeutlicht das folgende Beispiel (Abb. 3.6).

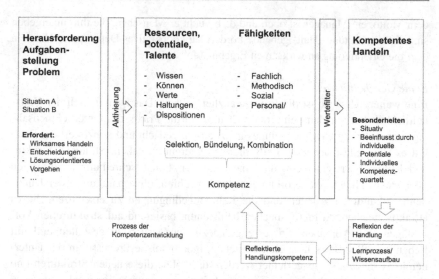

Abb. 3.6 Kompetenzentwicklung. (Quelle: North K. et al. 2013)

Beispiel

„Der neue Job ist gerade begonnen und die Herausforderungen scheinen mit der Tür ins Haus zu fallen – und ich dachte, die Universität habe mich gut auf den bevorstehenden Krankenhausalltag vorbereitet.

Schreiende und sich vor Schmerz krümmende Patienten. Und denen soll ich eine Spritze geben?

Okay, reiß dich zusammen, dachte ich bei mir und habe meine Unsicherheit hinter einem selbstbewussten Auftreten versteckt und mich darauf konzentriert, was ich in der Ausbildung gelernt habe. Als ich mit dem Patienten ins Gespräch kam, habe ich mich auf meine bisherigen Erfahrungen und Kenntnisse gestützt: ein bisschen Small-Talk zum Auflockern und dann in die Gesprächsführung einsteigen – Anamnese und Handlungsempfehlungen. So habe ich es gelernt. Geschafft dachte ich bei mir, als ich das Zimmer verließ.

Jetzt komme ich zur Ruhe und habe die Patientin noch immer im Kopf. Bin ich ausreichend auf Ihre Gefühle und ihre Situation eingegangen? Ich bin zwar ein empathischer Mensch, aber vielleicht wäre mehr Distanz gut gewesen?

Beim nächsten Mal werde ich die Situation etwas anders gestalten. Vielleicht die persönliche Ebene reduzieren – die Patientin muss ja nicht wissen, dass ich im Familienkreis ein ähnliches Schicksal erlebt habe".

Companies need a new approach – one that builds on the foundation of culture and engagement to focus on the employee experience holistically, considering all the contributors to worker satisfaction, engagement, wellness, and alignment.[74]

3.2.5 Innovationen gestalten: Kreative Lösungen

Die Überlebensfähigkeit von Unternehmen hängt heute mehr denn je von ihrer Innovationsfähigkeit ab. In Zeiten schnelllebigen technologischen und gesellschaftlichen Wandels verkürzen sich Produkt- und Dienstleistungszyklen, wohingegen die Entwicklung von Erfindungen und Neuheiten zunehmend mehr Ressourcen beansprucht. Die Förderung von Innovationen, verstanden als praktische Umsetzung von Ideen, avanciert daher zu einer fundamentalen Managementaufgabe.[75] Es existiert bisher keine allgemein anerkannte Definition von Innovation, sie zeichnet sich jedoch durch zwei Kernmerkmale aus:

1. „Neuheit oder (Er-)Neuerung eines Objekts oder einer sozialen Handlungsweise, mindestens für das betrachtete System und
2. Veränderung bzw. Wechsel durch die Innovation in und durch die Unternehmen, d. h. Innovation muss entdeckt/erfunden, eingeführt, genutzt, angewandt und institutionalisiert werden.“[76]

Die Gestaltung von Innovationen, kurzum Innovationsmanagement, lässt sich daher als Planung, Steuerung und Kontrolle von Neuerungen beschreiben. Dies erfordert jedoch zunächst die Identifikation von Innovationsmöglichkeiten. Voraussetzungsvoll ist hierfür die Kreativität und Partizipation möglichst vieler Mitarbeitenden. Hierfür spielen die im Vorfeld beschriebene Kultur im Unternehmen und Selbstverständnis einer Führungskraft eine große Rolle. Mitarbeitenden muss nicht nur ausreichend Raum geboten werden, um Ideen offen auszusprechen, vielmehr muss das Management eines Unternehmens ein Klima schaffen, das dazu einlädt, über Verbesserungsmöglichkeiten und zukünftige Neuerungen, auch jenseits des

---

[74]Bersin, J et al. (2017, S. 54).
[75]Vgl. Jung, H. (2011, S. 914).
[76]Möhrle, M.: Innovation. https://wirtschaftslexikon.gabler.de/definition/innovation-39624, gefunden am 07.06.2018.

Tagesgeschäfts, nachzudenken.[77] GLATZ und GRAF-GÖTZ fassen diese notwendige Bedingung zusammen, ihnen zufolge lebt Innovation

> von kreativen Menschen, die in ihrer Organisation ausreichend Raum für ihre Ideen, ihr Engagement und ihren Mut bekommen. Im Rahmen einer zukunftsorientierten Organisationsentwicklung sind bewusst ‚Innovationsräume' zu schaffen. Sie müssen als unkomplizierte, legitime Spielfelder konzipiert sein, auf denen sich jedermann kreativ austoben kann, wo Ideen generiert und ausprobiert werden können.[78]

Innovation lebt demzufolge von der Kreativität und Einflussmöglichkeiten von Mitarbeitenden. Design Thinking ist ein Konzept zur kreativen Problemlösung von DAVID KELLEY, TERRY WINOGRAD und LARRY LEIFER von der Stanford University. Der Kerngedanke der Methode des Design Thinking ist der, dass insbesondere interdisziplinäre Teams echte, herausragende Innovationen erschaffen können. Der Design Thinking Process zielt darauf ab, möglichst unterschiedliche persönliche Erfahrungen, Meinungen sowie Perspektiven hinsichtlich einer Problemstellung zusammenzuführen. Die Methode entwickelte sich aus dem Industrie-Design. Daher wird sich in erster Linie auf die Entwicklung von innovativen Produkten und Dienstleistungen fokussiert, die auf Bedürfnisse von Menschen ausgerichtet sind.

Grundannahme von Design Thinking ist, dass Innovation in der Schnittmenge aus den drei gleichberechtigten Elementen Mensch, Technologie und Wirtschaft entsteht (Abb. 3.7).

Innovation vereint demzufolge Attraktivität, Umsetzbarkeit und Wirtschaftlichkeit. Die Methode besagt, dass alle drei Faktoren gleichwertig zu berücksichtigen sind, denn nur dann setze sich eine Innovation durch.

Der Design-Thinking-Ansatz ist ‚human-centered' – also am Menschen orientiert. Zunächst gilt es, die Bedürfnisse der Zielgruppe zu beobachten, zu identifizieren und zu verstehen. Daraus gewonnene Einsichten sind der Startpunkt für die eigentliche Ideengenerierung. Durch frühes Erstellen und Testen von Prototypen werden Ideen zügig umgesetzt sowie ausgewertet. Dabei liegt der Schwerpunkt weniger auf der detailgenauen Ausarbeitung von Ideen, sondern vielmehr auf umfassendem Experimentieren und Sammeln von neuen bzw. veränderten Einsichten. Durch Wiederholen und Abwechseln der verschiedenen Schritte entsteht ein zunehmend klareres Verständnis für das Problem und mögliche Lösungen (Abb. 3.8).

---

[77]Vgl. Jung, H. (2011, S. 915).
[78]Glatz, H. und Graf-Götz, F. (2011, S. 260).

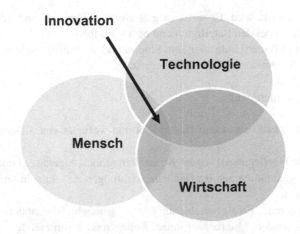

Abb. 3.7 Drei Elemente der Design-Thinking-Methode. (Quelle: Eigene Darstellung)

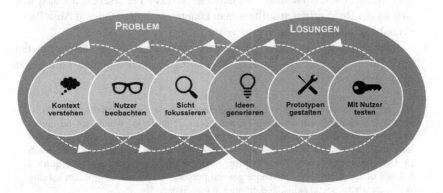

Abb. 3.8 Design-Thinking-Prozess. (Quelle: Eigene Darstellung)

Um diese Prozesse anstoßen zu können, braucht es neue mentale Denk- und Handlungsmodelle. Menschen, die Veränderungen aktiv begegnen, erfüllen die Kriterien und bei diesen kann folgende Haltung entdeckt werden:

- Wer entschlossen ist, unternehmerisch zu handeln, fragt nicht lange um Erlaubnis, sondern nimmt Einfluss und gestaltet.
- Er weiß, dass er anderen auf die Füße treten wird – und scheut davor nicht zurück. Ihm ist klar, dass es immer wieder unterschiedliche, zum Teil auch völlig gegenläufige Interessen geben wird. Dabei geht er davon aus, dass ihm

nichts geschenkt wird. Er weiß, es gibt viele Widerstände und Trägheiten zu überwinden – bei den Beteiligten und bei ihm selbst.

- Für ihn sind Widerstände aber kein Stoppschild, er handelt vielmehr nach dem Motto nach SPRENGER: Macht hat, wer macht.[79]

Im Weiteren werden/wird:

- Ideen entwickelt, wo es den Bedarf gibt und wofür es eine Lösung zu bieten hätte
- nicht viele Überlegungen angestellt, sondern schnell angefangen und es wird in die Hand genommen, um im Handeln Erfahrungen zu sammeln und Sicherheit zu gewinnen
- rechtzeitig eine Erfolgsgeschichte daraus gemacht, die andere Menschen anzieht – Kunden, Mitarbeiter/-innen, Kollegen oder Vorgesetzte
- auf längere Zeit der Eindruck entstehen, es laufe alles seinen gewohnten Gang, eher Verdacht schöpfen, dass man dabei ist, etwas zu übersehen, als dass man sich an der Ruhe erfreuen sollte – man könnte nämlich auf einem Abstellgleis gelandet sein, ohne es bemerkt zu haben
- sich vor Augen gehalten, dass gerade Ausnahmesituationen die Chance bieten, um „out of the box" zu denken, Regeln zu brechen und Innovationen zu schaffen[80]

HR leaders should focus on defining the difference between essential human skills, such as creative and ethical thinking, and nonessential tasks, which can be managed by machines. This requires reframing careers, and designing new ways of working and new ways of learning – both in organizations and as individuals. Research by Deloitte in the United Kingdom finds that the future workforce will require a balance of technical skills and more general purpose skills such as problem solving skills, creativity, social skills, and emotional intelligence.[81]

---

[79]Getreu der Aussage nach Karl Popper: „Nichts aber ist verantwortungsloser als Pessimismus".
[80]Vgl. Sprenger, Reinhard K. (2007).
[81]Schwartz, J. et al. (2017, S. 124).

Nachhaltige Personal- und Organisationsentwicklung: mutig, unerwartet, kreativ

4

Nachhaltige Personal- und Organisationsentwicklung kann mit *mutigen Menschen* gelingen, die *gewohnte Pfade verlassen* unter der Prämisse des Lebenslangen Lernens und die *kreativ in der Wegfindung und -umsetzung* sind.

Dabei kann der berufsbiografische Pfad eines Mitarbeitenden so aussehen (Abb. 4.1): Er kommt in eine Organisation, geht in den regelmäßigen Dialog, begegnet anderen Menschen – erkennt dadurch besser seine Kompetenzen und erweitert sein Skill-Lab, dann wird er zeitweise oder dauerhaft von Mentoren begleitet, die ihm verhelfen, innovative Prozesse mit anzustoßen und zielorientiert, gestaltend und motiviert gelangt er ans Ziel.

Um dies dauerhaft zu erzielen, braucht ein Unternehmen, aber auch der Einzelne:

- Ein positives Menschenbild, gekoppelt an eine produktive Fehlerkultur, sowie eine Veränderungsbereitschaft
- Ermöglichungsräume, kombiniert mit einem systemisch-konstruktiven Bild vom Lehr- und Lern-Prozess
- Lebendigkeit der Handlungskompetenz

Im Alltag gilt: das *Ergebnis* gleich in Klammern *Leistung* und *Preis* mal *Beziehung hoch* zwei ist, d. h. [E = (L + P) × B^2] (Abb. 4.2).

Zusammenfassend kann gesagt werden, dass es Zeit ist, den Mitarbeitenden in den Fokus unternehmerischen Handelns zu setzen. Bekräftigt wird diese These von einer Studie der Universität Münster, dass in Veränderungsprozessen nicht einfach Befehle erteilt werden sollen, sondern den Mitarbeitenden gezeigt werden soll,

© Springer Fachmedien Wiesbaden GmbH, ein Teil von Springer Nature 2018
K. Keller, *Nachhaltige Personal- und Organisationsentwicklung*, essentials,
https://doi.org/10.1007/978-3-658-22994-8_4

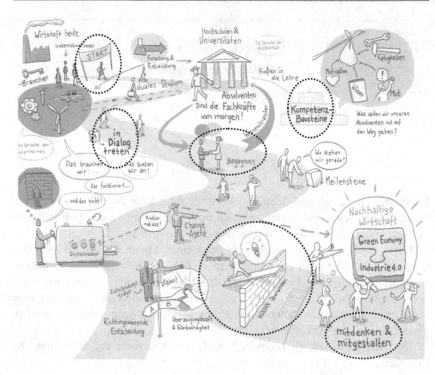

Abb. 4.1 Berufsbiografischer Pfad. (Quelle: Gafinen M.P. 2018)

worin der Sinn der Arbeit besteht. „Je mehr sich eine Führungskraft individuell um die Mitarbeiter kümmere, desto besser gehe es ihnen".[1]

Entscheidend ist dabei nicht das Verhalten (Input) einer Führungskraft, sondern die Wirkung (Output) des Verhaltens. Deshalb ist nicht (nur) wesentlich, wie eine Führungskraft sich selbst einschätzt, sondern auch wie das Verhalten von dem Umfeld erlebt wird – um herauszufinden, von welchen unterschiedlichen Bedürfnissen und Erwartungen diese Einschätzungen jeweils geprägt sind.

Die Folgerung daraus kann sein: Wer sich ‚richtig' verhalten will, soll vorher bedenken, in welchem Kontext er sich befindet, welche speziellen Gegebenheiten diesen Kontext bestimmen und welche Wirkung er dort erzielen will. Wer sich

---

[1]Oltmanns, T. und Nemeyer, D. (2010, S. 15).

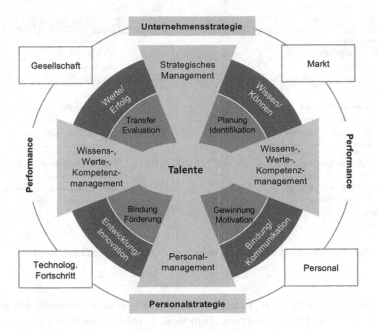

Abb. 4.2 Talentfokus. (Quelle: Eigene Darstellung)

konsistent verhält, mag zwar mit sich im Reinen sein, wird aber möglicherweise den speziellen Anforderungen der jeweiligen Situation nicht angemessen gerecht.

Nachfolgend eine Art Selbsteinschätzung, welche Grundwerte und Grundüberzeugungen beitragen können sich bewusster zu werden für situatives Entscheiden (Abb. 4.3):

In veränderungsfreudigen Zeiten, in der Werte, Performance und positive Problemlösungen immer entscheidender werden, erweisen sich Strategien auf der Grundlage der Machtorientierung immer mehr als ineffizient. Unternehmen nehmen die unterschiedlichen Generationen mehr und mehr ernst und setzen in Veränderungsprozessen auf neue Personal- und Organisationsentwicklungskonzepte sowie -modelle, in deren Mittelpunkt zunehmend Nachhaltigkeit durch mehr Selbstorganisation, Diversität und Eigenverantwortung steht. Dadurch kann dem Einzelnen mehr Halt gegeben werden in Kontexten von wert(e)orientierter Führung. Die Eingangsfrage, ob und inwieweit moralische Sensibilität gegenüber Mitarbeitenden, der Gesellschaft oder der Umwelt, noch einen Platz in der heutigen sowie zukünftigen Unternehmenswirklichkeit hat, lässt sich daher

	nahezu ausschließlich	über- wiegend	kontext- abhängig	über- wiegend	nahezu ausschließlich	
analytisch, beschreibend						lösungsorientiert
strategisch ausgerichtet						operativ steuernd
reflexionsfähig						unbedacht spontan
vertrauensvoll						misstrauend
informativ						kommunikativ
leistungs- und aufgabenorientiert						orientiert an den Mitarbeitenden
Selbstverantwortung ermöglichen						Führen durch An- und Zurechtweisung
orientiert an übergreifenden Netzwerken						orientiert an Zuständigkeiten
im System arbeiten, d.h. Fehler und Lücken durch eigene Eingriffe kompensieren						*am* System arbeiten, d.h. gut beobachten und die Betroffenen zu Selbsthilfe anleiten
Energien freisetzen, Ermöglicher						Lokomotive, Treiber, Macher
Konfliktfähig mit Feedbackpflicht						Harmonie und Opportunismus
Emotionale Intelligenz und soziale Kompetenz						Sachlogik, orientiert an Zahlen, Daten, Fakten
Unsicherheit souverän managen						Sicherheit brauchen und bieten
Teammitglied						Teamleiter
Handlung						Wirkung

Abb. 4.3 Grundwerte und Grundüberzeugungen. (Quelle: Eigene Darstellung)

eindeutig mit beantworten. Strategien, die Zukunft gestalten, Innovationen schaffen und langfristiges Überleben sichern wollen, kommen nicht umhin, einerseits dem Paradigma des Lebenslangen Lernens Rechnung zu tragen und andererseits eine wertschätzende und verantwortungsbewusste Haltung einzunehmen und zu leben. Mit einer solchen Haltung kann es gelingen, ein langfristig attraktives Unternehmenssystem für Mitarbeitende aller Generationen zu schaffen. Wenn Führungskräfte und Manager als Vorbild fungieren und für die ‚Sache' brennen, können sie bei ihren Mitarbeitenden ein Feuer entzünden, das erforderlich ist, um einen nachhaltigen Erfolg der Personal- und Organisationsentwicklung zu sichern. Daher lautet die Maxime: Es bedarf der richtigen Haltung, um Halt finden und geben zu können.

Was Sie aus diesem *essential* mitnehmen können

- Mut, Irritation und Kreativität als vorteilhafte Bedingungen nachhaltiger Personal- und Organisationsentwicklung
- Lösungen und Ideen finden mit Innovationssystematiken wie z. B. Design Thinking
- Zukunft gestalten durch Lebenslanges Lernen und Handlungskompetenz

K. Keller, *Nachhaltige Personal- und Organisationsentwicklung,* essentials, https://doi.org/10.1007/978-3-658-22994-8

Literatur

Arnold, R. (1999). Weiterbildung und Beruf. In R. Tippelt (Hrsg.), *Handbuch Erwachsenenbildung/Weiterbildung* (S. 245–256). Wiesbaden: Springer.

Baumgratz-Gangl, G. (2003). Interkulturelle Dimensionen der Kompetenzentwicklung. In Bundesinstitut für Berufsbildung (BIBB) (Hrsg.), *Integration durch Qualifikation. Chancengleichheit für Migrantinnen und Migranten in der beruflichen Bildung. Ergebnisse, Veröffentlichungen und Materialien aus dem* (S. 89–100). Bonn: BIBB.

Becker, M. (2013). *Personalentwicklung. Bildung, Förderung und Organisationsentwicklung in Theorie und Praxis* (6. Aufl.). Stuttgart: Schäffer-Poeschel.

Becker, M., & Kirchner, M. (2013). *Dynaxicurity: Dynamik – Komplexität – Unsicherheit.* Halle: Halle-Wittenberg: Jurist. und Wirtschaftswiss. Fakultät, Martin-Luther-Universität.

Becker, M., & Rother, G. (1998). Pendelschlag von Qualifikation zur Kompetenz. *Berufliche Kompetenzentwicklung – Quem-Bulletin, 2*(3), 10–15.

Bersin, J., Flynn, J., Mazor, A., & Melián, V. (2017). The employee experience. In: Rewriting the rules for the digital age. Deloitte Global Human Capital Trends.

Bieri, P. (2017). *Wie wäre es, gebildet zu sein?* München: Komplett-Media GmbH.

Bohdal-Spiegelhoff, U. (2017). Übersicht 10 Human Capital Trends. In Neue Spielregeln im digitalen Zeitalter Globale Human Capital, Trendstudie 2017, Deutschland Report 2017.

Bolten, J. (2001). *Interkulturelle Kompetenz.* Weinheim: Beltz.

Brödel, R., & Kreimeyer, J. (Hrsg.). (2004). *Lebensbegleitendes Lernen als Kompetenzentwicklung. Analysen – Konzeptionen – Handlungsfelder.* Bielefeld: wbv.

Deutsche Gesellschaft für Personalführung e. V. (DGFP e. V.). (Hrsg.). (2004). *Wertorientiertes Personalmanagement – ein Beitrag zum Unternehmenserfolg* (S. 23–32). Bielefeld: wbv.

Doopler, K. (2018). http://www.doppler.de/. Zugegriffen: 7. Juni 2018.

Doppler, K., Fuhrmann, H., Lebbe-Waschke, & Voigt, B. (2014). *Unternehmenswandel gegen Widerstände. Change Management mit den Menschen* (3. aktualisierte und erweiterte Auflage). Frankfurt: Campus.

Eppler M. J. (2010). Schlüssel zur Nachhaltigkeit. *OrganisationsEntwicklung. Zeitschrift für Unternehmensentwicklung und Change Management, 4*(2010).

Falk, R. (2000). *Betriebliches Bildungsmanagement – Arbeitsbuch für das Studium und Praxis.* Bachem: Wirtschaftsverlag.

Gabler Wirtschaftslexikon. (1993). *13., vollständig überarbeitete Auflage.* Wiesbaden: Gabler.

© Springer Fachmedien Wiesbaden GmbH, ein Teil von Springer Nature 2018
K. Keller, *Nachhaltige Personal- und Organisationsentwicklung*, essentials,
https://doi.org/10.1007/978-3-658-22994-8

Gafinen, M. P. (2018). Roadmap Kompetenz Industrie 4.0. http://www.gafinen.com/road-map-kompetenz-industrie-40.html. Zugegriffen: 7. Juni 2018.

Geffroy, E. K., & Albiez, D. (2016). *Herzenssache Mitarbeiter. Die neue Unternehmenskultur im digitalen Zeitalter.* München: Redline.

Glatz, H., & Graf-Götz, F. (2011). *Handbuch Organisation gestalten.* Weinheim: Beltz.

Grubendorfer, C. (2016). *Einführung in systemische Konzepte der Unternehmenskultur.* Heidelberg: Carl-Auer.

Hauff, V. (1987). *Unsere gemeinsame Zukunft. Der Brundtland-Bericht der Weltkommission für Umwelt und Entwicklung.* Greven: Eggenkamp.

Jetter, W. (2004). *Performance Management. Strategien umsetzen, Ziele realisieren, Mitarbeiter fördern* (2. Aufl.). Stuttgart: Schäffer-Poeschel.

Jung, H. (2011). *Personalwirtschaft* (9. aktualisierte und verbesserte Auflage). München: Oldenbourg Wissenschaftsverlag.

Kourimsky, P. (2002). Personalentwicklung als Basis für Marktfähigkeit. In: Durchblick – Zeitschrift für Ausbildung, Weiterbildung und berufliche Integration: Personalentwicklung: Basis für Markfähigkeit, Lernen am Arbeitsplatz, Chancen für An- und Ungelernte. Burnout; hiba – heidelberger institut beruf und arbeit gmbh, 3/2002, S. 7–9.

Kuhlmann, C. (2013). *Erziehung und Bildung. Einführung in die Geschichte und Aktualität pädagogischer Theorien.* Heidelberg: Springer.

Langewand, A. (2000). Bildung. In D. Lenzen (Hrsg.), *Erziehungswissenschaft – Ein Grundkurs* (4. Aufl.). Reinbek: Rowohlt.

Longworth, N., & Davies, W. K. (1996). *Lifelong learning. New vision, new implications, new roles for people, organizations, nations and communities in 21st century.* London: Kogan Page.

Malik, F. (2011). *Strategie.* Frankfurt a. M.: Campus.

Möhrle, M. 2018. Innovation. https://wirtschaftslexikon.gabler.de/definition/innovation-39624. Zugegriffen: 7. Juni 2018.

North, K., Reinhardt, K., & Sieber-Suter, B. (2013). *Kompetenzmanagement in der Praxis: Mitarbeiterkompetenzen systematisch identifizieren, nutzen und entwickeln: mit vielen Fallbeispielen* (2. überarb. und erw. Aufl.). Wiesbaden: Springer Gabler.

Oltmanns, T., & Nemeyer, D. (2010). *Machtfrage Change – Warum Veränderungsprojekte meist auf Führungsebene scheitern und wie sie es besser machen.* Frankfurt a. M.: Campus.

Pätzhold, G. (1999). Berufliche Handlungskompetenz. In F.-J. Kaiser & G. Pätzhold (Hrsg.), *Berufs- und Wirtschaftspädagogik.* Hamburg: Klinkhardt.

Reetz, L. (1999). Zum Zusammenhang von Schlüsselqualifikationen – Kompetenzen – Bildung. In Bundeszentrale für politische Bildung (Hrsg.), *Aus Politik und Zeitgeschichte. Beilage zur Wochenzeitung Das Parlament* (Bd. 37, S. 13–20). Bonn.

Rodehuth, M. (1999). *Weiterbildung und Personalstrategien: eine ökonomisch fundierte Analyse der Bestimmungsfaktoren und Wirkungszusammenhänge.* München: Hampp.

Sackmann, S. A. (2017). *Erfolgsfaktoren für neue Arbeitswelten.* Heidelberg: Springer.

Schlussbericht der Unabhängigen Expertenkommission. (2004). *Finanzierung Lebenslangen Lernens.* Berlin: Zukunft.

Schneider, H. (2000). Varianten des Kompetenzbegriffs, 59. Erg.-Lfg., Juni 2000, 6.21/1-17. In K. A. Geißler & W. Looss (Hrsg.), *Handbuch für Personalentwicklung – Beraten, Trainieren, Qualifizieren; Konzepte, Methoden und Strategien.* Köln: Deutscher Wirtschaftsdienst.

Schwartz, J., Collins, L., Stockton, H., Wagner, D., & Walsh, B. (2017). The future of work. In: Rewriting the rules for the digital age. Deloitte Global Human Capital Trends.

Sonntag, K. H., Stegmaier, R., Schaper, N., & Friebe, J. (2004). Dem Lernen im Unternehmen auf der Spur: Operationalisierung von Lernkultur. *Unterrichtswissenschaft, 32*(2), 104–128.

Sprenger, R. K. (2007). *Das Prinzip der Selbstverantwortung; Wege zur Motivation.* Frankfurt a. M.: Campus.

Steiger, T. M., & Steiger, E. (2013). *Handbuch angewandte Psychologie für Führungskräfte.* Heidelberg: Springer.

Volkholz, V., & Köchling, A. (2001). Lernen und Arbeiten. In Arbeitsgemeinschaft Betriebliche Weiterbildungsforschung & Projekt Qualifikations-Entwicklungs-Management (Hrsg.), *Kompetenzentwicklung 2001: Tätigsein – Lernen – Innovation.* Münster: Waxman.

Walsh, B., & Volini, E. (2017). *Rewriting the rules for digital age.* https://www2.deloitte. com/content/dam/Deloitte/us/Documents/human-capital/hc-2017-global-human-capital-trends-us.pdf, Zugegriffen: 20. Juli 2018. Deloitte.

Wieda, C. (2011). Bares oder Wahres. *Personalmagazin, 4*(2011), 48–50.

Wittwer, W., & Reimer, R. (2002). Biografie und Beruf. Zur Neubestimmung eines tradierten Verhältnisses. In U. Clement & R. Arnold (Hrsg.), *Kompetenzentwicklung in der beruflichen Bildung* (S. 169–188). Opladen.

Printed in the United States
By Bookmasters